Plenos do Espírito 2

Dados Internacionais de Catalogação na Publicação (CIP)
(Câmara Brasileira do Livro, SP, Brasil)

Real Navarro, José
    Plenos do Espírito 2 : Jesus inaugura um Reino muito especial : preparação de adolescentes para a Confirmação / José Real Navarro ; tradução de Luis María Maestro García. – Petrópolis, RJ : Vozes, 2014.

    Título original espanhol: Llenos del Espíritu 2 : Jesús inaugura un Reino muy especial
    Bibliografia.
    ISBN 978-85-326-4600-2

    1. Confirmação – Preparação e ensino 2. Ensino religioso Compêndios para jovens – Igreja Católica I. Título.

13-05220   CDD-268.82

Índices para catálogo sistemático:
1. Catequese crismal : Cristianismo   268.82

José Real Navarro

Plenos do Espírito 2
Jesus inaugura um Reino muito especial

Preparação para a Confirmação

TRADUÇÃO DE
Luis María Maestro García

Petrópolis

© José Real Navarro
© 2011, Editorial CCS, Alcalá, 166 / 28028 Madri

Título original espanhol: *Llenos del Espíritu 2 – Jesús inaugura un Reino muy especial*

Direitos de publicação em língua portuguesa – Brasil:
2014, Editora Vozes Ltda.
Rua Frei Luís, 100
25689-900 Petrópolis, RJ
www.vozes.com.br
Brasil

Todos os direitos reservados. Nenhuma parte desta obra poderá ser reproduzida ou transmitida por qualquer forma e/ou quaisquer meios (eletrônico ou mecânico, incluindo fotocópia e gravação) ou arquivada em qualquer sistema ou banco de dados sem permissão escrita da editora.

Diretor editorial
Frei Antônio Moser

Editores
Aline dos Santos Carneiro
José Maria da Silva
Lídio Peretti
Marilac Loraine Oleniki

Secretário executivo
João Batista Kreuch

Editoração: Fernando Sergio Olivetti da Rocha
Diagramação: Victor Mauricio Bello
Capa: Ana Maria Oleniki
Ilustração de capa: ©romrf | Shutterstock

ISBN 978-85-326-4600-2 (edição brasileira)
ISBN 978-84-9842-719-6 (edição espanhola)

Editado conforme o novo acordo ortográfico.

Este livro foi composto e impresso pela Editora Vozes Ltda.

Sumário

Apresentação para os catequistas, 9

Oficina 1 Preparamo-nos para receber um sacramento, 15
O que Deus nos oferece com o Sacramento da Confirmação e o que nós respondemos para Ele.
  Introdução para entender o que é um sacramento, 16
  1 Preparados..., 19
    1.1 Os sacramentos de Deus, 19
    1.2 Os sete sacramentos da Igreja, 22
  2 Prontos..., 29
    2.1 O que Deus quer dar de presente para vocês com o Sacramento da Confirmação neste momento-chave da sua vida?, 29
  3 Já!, 34
    3.1 Já é hora do compromisso – Qual é a nossa resposta para Deus perante este presente que Ele quer nos oferecer com o Sacramento da Confirmação?, 34
    3.2 Jogo do Minitrivial do Evangelho, 38
    3.3 Já é o momento de orar juntos, 41

Oficina 2 O Espírito Santo nos dá a dignidade de filhos de Deus, 45
Imagine um lugar onde as pessoas são valorizadas e respeitadas pelo que são em si mesmas, tratadas com dignidade.
  Apresentação, 46
  1 Preparados..., 49
    Dinâmica: A festa do Oscar, 49
  2 Prontos..., 52
    História: A visita ao mosteiro, 52
    Atividade: A máquina do tempo, 54
  3 Já!, 61
    3.1 Já é a hora do compromisso, 61
    3.2 A bússola da conduta cristã, 64

3.3 O dom da sabedoria e o dom do conselho para viver meu ser cristão na Igreja de Jesus, 71

3.4 Para a sua celebração dominical, 74

3.5 Já é o momento de orar juntos, 75

Oficina 3 O Espírito Santo nos impulsiona a viver, sendo comunidade fraterna, membros da Igreja, 77

Imagine um lugar onde as pessoas sabem partilhar o que têm e o que são porque se sentem irmãs.

Apresentação, 78

1 Preparados..., 80

Jogo: O stratego da fraternidade, 80

2 Prontos..., 86

História: Uma história vinda do futuro, 86

Atividade: Dicionário de palavras vivas, 88

3 Já!, 93

3.1 Já é a hora do compromisso, 93

3.2 A bússola da conduta cristã, 95

3.3 O dom do entendimento para viver meu ser cristão na Igreja de Jesus, 96

3.4 Para a sua celebração dominical, 97

3.5 Já é o momento de orar juntos, 98

Oficina 4 O Espírito Santo desperta em nós um coração sensível e solidário, 99

Imagine um lugar onde todos sentem na própria carne o sofrimento e as lágrimas de seus irmãos.

Apresentação, 100

1 Preparados..., 102

Jogo: Descobrindo Cáritas, 102

2 Prontos..., 111

História: A história de João (fato real), 111

Atividade: Meu currículo, 114

3 Já!, 116

3.1 Já é a hora do compromisso, 116

3.2 A bússola da conduta cristã, 119

3.3 O dom da ciência para viver meu ser cristão na Igreja de Jesus, 119

3.4 Para a sua celebração dominical, 120

3.5 Já é o momento de orar juntos, 121

Oficina 5 O Espírito Santo nos faz ser pessoas de diálogo, 123

Imagine um lugar onde a pessoa sente que alguém a escuta de coração, e pode falar com confiança.

Apresentação, 124

1 Preparados..., 127

Dinâmica: A revisão médica, 127

2 Prontos..., 129

História: O hospital das palavras, 129

Atividade: Citações para se iniciar na arte da comunicação, 134

3. Já!, 136

3.1 Já é a hora do compromisso, 136

3.2 A bússola da conduta cristã, 139

3.3 O dom da piedade para viver meu ser cristão na Igreja de Jesus, 139

3.4 Para a sua celebração dominical, 140

3.5 Já é o momento de orar juntos, 141

Oficina 6 O Espírito Santo nos faz ser construtores da paz, 143

Imagine um lugar onde todas as pessoas contribuam para a paz, com seu jeito de viver e conviver.

Apresentação, 144

1 Preparados..., 146

Símbolo pela paz: O "efeito dominó", 146

2 Prontos..., 147

História: Os desejos de Fathiya, 147

Atividade: A orquestra da paz, 150

3 Já!, 154

3.1 Já é a hora do compromisso, 154

3.2 A bússola da conduta cristã, 157

3.3 O dom do temor de Deus para viver meu ser cristão na Igreja de Jesus, 157

3.4 Para a sua celebração dominical, 159

3.5 Já é o momento de orar juntos, 160

Oficina 7 O Espírito Santo nos transforma em testemunhas de Jesus e de seu Reino, 161

Imagine um lugar onde todas as pessoas se comprometam numa causa justa, sem medo das consequências.

Apresentação, 162

1 Preparados..., 165

Dinâmica: A gincana do tesouro, 165

2 Prontos..., 169

História: A loucura de buscar o bem, 169

Atividade: Você é a notícia, 172

3 Já!, 173

3.1 Já é a hora do compromisso, 173

3.2 A bússola da conduta cristã, 176

3.3 O dom da fortaleza para viver meu ser cristão na Igreja de Jesus, 177

3.4 Para a sua celebração dominical, 178

3.5 Já é o momento de orar juntos, 179

Oficina 8 A celebração da Confirmação e o significado dos ritos, 181

1 Apresentação, 182

2 Ritos da Confirmação, 184

2.1 Homilia do bispo, 184

2.2 Renovação das promessas batismais, 184

2.3 Invocação ao Espírito Santo, 186

2.4 A imposição das mãos, 187

2.5 A Confirmação, 188

2.6 O padrinho ou a madrinha, 189

2.7 O momento da paz, 190

2.8 As preces, 190

3 A celebração da Reconciliação, 192

Oficina 9 Preparamos a nossa celebração para receber o Sacramento da Confirmação, 197

1 Apresentação, 198

2 Cantos, 198

3 Leituras, 198

4 Oferendas, 199

5 Vários, 200

6 Esquema da celebração da Confirmação, 200

7 Orientações finais, 206

Anexos, 209

1 Oração para invocar o Espírito Santo, 209

2 Bússola das virtudes, 210

Apresentação
para os catequistas

1 Objetivo

> *"Interrogado pelos fariseus, quando chegaria o Reino de Deus, Jesus respondeu-lhes:*
> *— O Reino de Deus não vem ostensivamente. Nem se poderá dizer está aqui ou está ali, porque o Reino de Deus está no meio de vós."*
>
> Lc 17,20-21

Relato: escada para chegar ao céu

Um homem queria ir ao céu. Havia ouvido falar tantas coisas boas sobre ele, que se propôs a chegar até lá de qualquer jeito. Perguntou para um e para outro e depois de tanto perguntar chegou até a escada que conduz ao céu. Muito decidido, começou a subir com muita pressa. Ia tão rápido que nem se deu conta de que também havia outras pessoas subindo por ali. Passava na frente de uns e de outros na velocidade de um raio. Depois de muito tempo subindo, chegou a um patamar, e, vendo que a escada parecia não ter fim, disse para si mesmo:
— Quanto falta para chegar?
Nesse mesmo instante ouviu uma voz que dizia:
— Depende de você.
Isto lhe deu ânimo, e pensando que faltava pouco subiu com mais rapidez por aquela escada. Mas o tempo passava e as forças começavam a enfraquecer. Cada vez que se perguntava quanto tempo faltava para chegar sempre ouvia a mesma resposta:
— Depende de você.
Finalmente, cansado de não ter alcançado o céu, decidiu voltar por onde havia subido. Já não tinha forças e ânimo para continuar subindo. Mas, enquanto descia, um ancião, que subia mancando, pediu-lhe que o ajudasse a subir alguns degraus. O homem, embora soubesse que o céu era impossível de se alcançar, decidiu ajudar o ingênuo ancião para não decepcioná-lo.
Começaram a subir, e, enquanto conversavam e se conheciam com mais profundidade, esqueceram-se das escadas e do céu, e, sem perceberem, chegaram juntos ao céu. O homem estava assustado. Não conseguia entender o que havia ocorrido. E nesse momento voltou a ouvir a voz que lhe dizia:
— Viu como depende de você? Se tivesse feito o mesmo com quem você cruzou pelo caminho, teria chegado antes.

O Reino de Deus está presente entre nós, do mesmo jeito em que estava presente no tempo de Jesus. Ele o tornou palpável com sua vida e com suas obras, para que outros o seguissem. Onde há comunhão, ambiente de fraternidade, paz e harmonia, diálogo, tolerância e alegria, o Reino de Deus já está se fazendo presente entre as pessoas.

Jesus inaugura um Reino muito especial e o faz movido e enviado pelo Espírito. O mesmo Espírito que os jovens que estão se preparando para a Confirmação irão receber. O Espírito Santo O consagra e consagrará os jovens, *para levar aos pobres a Boa-nova da salvação (Lc 4,16-21).*

Esta é a missão pela qual o Espírito o envia no início de sua vida pública, e pela qual Jesus entrega a sua vida, de tal forma que suas obras revelarão quem é Ele na realidade: **o enviado de Deus.** Jesus inaugura o Reino com a intenção de que outros o continuem. Por esta razão, desde o início de sua vida pública chama pessoas e as contagia com sua paixão para que assumam a missão de tornar o Reino de Deus realidade nesta terra. Nasce, assim, a comunidade de discípulos, a primeira igreja, a comunidade de seus seguidores, a qual lhes recomenda a mesma missão com a ajuda e a força do Espírito Santo:

> *"Pelo caminho, proclamai que está próximo o Reino dos Céus.* Curai os enfermos, ressuscitai os mortos, limpai os leprosos, expulsai os demônios. Recebestes de graça, dai de graça" (Mt 10,7-9).

> *"Ide por todo o mundo e pregai o Evangelho a toda criatura"* (Mc 16,15).

> *"Como o Pai me enviou, assim também eu vos envio... Recebei o Espírito Santo"* (Jo 20,21-22).

Os catequistas de preparação para a confirmação educam na fé os catequizandos para que possam acolher plenamente este Espírito Santo que os lançará como **enviados de Deus** e da comunidade cristã, a fim de que tornem realidade onde vivem e convivem, este Reino tão especial que Jesus veio inaugurar. Promovem a consciência de sua pertença à Igreja, que, com o Sacramento da Confirmação (Crisma), serão membros plenos da comunidade cristã, e enviados de Deus para tornar presente e palpável, com suas obras e suas vidas, o Reino dos Céus que esperamos, já aqui na terra: um mundo mais humano, mais fraterno, mais solidário, mais justo.

Com este segundo livro de Confirmação (Crisma) iniciamos a etapa final de preparação para receber este sacramento. Se no primeiro livro: **Plenos do Espírito 1: as palavras da montanha,** tratamos de *"treinar"* a nossos catequizandos a colocarem em prática as palavras de Jesus ditas no Sermão da Montanha, neste segundo livro: ***Plenos*** *do Espírito 2: Jesus inaugura um Reino muito especial*, queremos prepará-los para que sejam colaboradores de Jesus como construtores do Reino de Deus, tornando-o presente e palpável com sua própria vida e fazendo tudo isso, sentindo-se membros comprometidos na comunidade cristã, onde vivem e alimentam sua fé.

Oxalá que, como catequistas, possamos contagiar em nossos grupos a PAIXÃO PELO REINO que Jesus veio inaugurar. Há tantas *"lepras"* em nossa sociedade, em nosso mundo; tantos oprimidos pela injustiça, tantos pobres sem esperança, tantos presos na cadeia do esquecimento, da rejeição, da solidão; tantos "cegos" que não enxergam além de seus interesses e de si mesmos; tantos que vivem "escravizados" por tantas coisas; tantas pessoas que sofrem pelo egoísmo ou maldade de outros; tantos desamparados; tantas pessoas sem esperança, sem sentido...

Este mundo necessita de pessoas, comunidades, que sejam BOA NOTÍCIA com suas vidas, como foram as primeiras comunidades cristãs. Estamos educando para que nossos catequizandos tomem consciência de que, com o Sacramento da Confirmação, serão **enviados de Deus**, e da comunidade, para dar testemunho de Jesus e de seu Reino.

Isto é o que queremos trabalhar com este segundo livro de preparação para a Confirmação, convencidos de que, desta maneira, o Espírito Santo fará com que se desenvolva e cresça neles tudo aquilo que Deus semeou em seus corações para que sejam instrumentos do Reino.

2 Conteúdos e metodologia

A metodologia das oficinas, da mesma forma que no primeiro livro, pretende ser participativa, dinâmica e ativa. Objetiva provocar o diálogo e o envolvimento com os conteúdos que estão sendo trabalhados. Pretende-se fomentar um clima de confiança para compartilhar o que cada um pensa e sente, sabendo ouvir e acolher o que os outros partilham, porque é aí que se vai manifestando o Espírito que vai nos guiando e acompanhando. As dinâmicas, os jogos e as atividades pretendem ajudar os catequizandos a se apropriarem dos conteúdos e propostas que existem nas oficinas, a fim de que, de alguma maneira, iniciem seu processo de personalização da fé.

Neste processo o catequista é um meio, um instrumento nas mãos de Deus, e os conteúdos do livro são apenas uma ferramenta. É preciso deixar que o Espírito Santo atue nos corações dos catequizandos em seu próprio ritmo, sendo o catequista um instrumento em suas mãos, procurando ser e praticar, tudo aquilo que transmite aos catequizandos. É necessário lembrar sempre que educamos mais pelo que somos... do que pelo que dizemos. O testemunho e a coerência de vida são fundamentais.

A primeira oficina do livro fará uma introdução no mundo dos sacramentos, para que os catequizandos entendam seu significado e possam ser mais conscientes do que implica e supõe receber um sacramento. Será um momento para renovar sua decisão de querer seguir em frente em sua preparação para receber o Sacramento da Confirmação. Nela serão propostos três compromissos para realizarem durante o processo de preparação, com o objetivo de incorporá-los em sua vida depois da Confirmação (se já estiverem realizando, seria excelente). Concretamente são os seguintes: participar da celebração eucarística dominical, fazer oração diária e ler os evangelhos.

O catequista deverá motivar bem as propostas de compromisso em seu grupo. A ideia é que a catequese de preparação para a Confirmação não se reduza na hora semanal de reunião do grupo, mas que envolva toda a sua vida, que todos os seus dias sejam "tocados" pelo que está sendo aprendido, que se faça eco ao que está sendo trabalhado, compartilhado e refletido na hora da catequese, que o carreguem em sua oração diária e vivam a Eucaristia dominical como algo importante e central em suas vidas.

É importante que os catequizandos da Confirmação assumam como seus esses compromissos. Trata-se de abrir um espaço em sua vida diária para que o Espírito Santo vá trabalhando e acompanhando seu processo de crescimento e maturidade na fé. E, para fomentar este espaço, propõe-se também, **nesta segunda etapa, que tenham um caderno que lhes sirva de diário** para irem anotando seus pensamentos, reflexões, dúvidas, ideias, suas palavras com Deus... **É um caderno que nas oficinas deste livro o chamamos de "Diário da Caminhada".** Muitas das atividades, que estão nas oficinas, propõem que as façam nesse diário.

Tudo isso ajudará, contribuirá para fomentar sua interioridade, seus momentos de silêncio, de encontro consigo mesmo, a mergulhar em seu mundo interior e conhecer melhor a si mesmos, e Àquele que os habita em sua profunda intimidade. Isto será fundamental para que se deixem trabalhar pelo Espírito Santo, o verdadeiro "mestre interior".

O catequista deverá motivar muito bem o uso do **caderno "Diário da Caminhada"**, inclusive levando seu próprio diário e partilhando com seu grupo o que vai anotando nele sobre o que vive no grupo, o que aprende, o que descobre de cada um de seus componentes, o que sente que Deus lhe disse, as reflexões que lhe surgem com cada tema, com cada colocação dos membros do grupo etc.

Seria muito bom se, no início da segunda etapa de preparação para a Confirmação, o catequista presenteasse a cada membro do grupo com um **caderno "Diário da Caminhada"** e o Novo Testamento (*caso não tenham da etapa anterior*).

As oficinas que vão da segunda à sétima pretendem mostrar aos jovens o que consiste o Reino tão especial que Jesus veio inaugurar. Trata-se de torná-los conscientes de que o Espírito Santo que vão receber no dia de sua Confirmação irá confiá-los a mesma missão que Jesus tinha: tornar presente o Reino de Deus e serem testemunhas da Boa-nova do Evangelho. A Palavra de Deus estará muito presente nas oficinas. Tudo nelas inicia-se a partir dela e gira em torno dela. Cada uma das seis oficinas abordará uma conduta, uma atitude, um valor que Jesus colocou em prática para fazer presente o Reino com a força e a ajuda do Espírito Santo. Como consequência disso, em cada oficina se abordará também a conduta moral que nasce do seguimento de Jesus e os dons que o Espírito Santo nos concede para tornar possível esta vida moral.

Cada uma das oficinas pretende mostrar no que consiste essencialmente a vida de um cristão quando é movida e motivada pelo Espírito Santo. *Queremos mostrar os efeitos que produz o Espírito Santo na vida de um cristão, de uma cristã, quando se deixa guiar e habitar por Ele.*

As duas últimas oficinas do livro foram elaboradas para a preparação da celebração do Sacramento da Confirmação. Nelas explica-se o significado dos sinais e ritos do sacramento para que tenham consciência do que vão fazer e por que vão fazer, e preparar a celebração em que receberão a Crisma (Confirmação) pelas mãos do bispo.

Estas últimas oficinas serão uma oportunidade para aprofundar e refletir sobre a opção de vida que irão fazer, a fim de que o dia da Confirmação seja realmente para eles um sacramento do que acontece em seus corações, e que assumam a missão da qual o Espírito consagra e unge suas vidas.

3 Para terminar

> *"Vinde, abençoados por meu Pai! Tomai posse do Reino preparado para vós desde a criação do mundo. Porque tive fome e me destes de comer, tive sede e me destes de beber, fui peregrino e me acolhestes... Eu vos garanto: todas as vezes que fizestes isso a um desses meus irmãos menores, a mim o fizestes."*
>
> Mt 25,34-40

Para todo educador na fé, para todo catequista, aqui temos a pergunta do exame que Deus fará para os nossos catequizandos, e a nós mesmos, no final de nossos dias. Perguntará como colocamos em prática o mandamento do Amor, ou seja, se fomos construtores do Reino de Deus, se nos preocupamos com o nosso próximo. Porque para isso derramou o Espírito Santo em nossos corações; para isso nos deu a força de seu Espírito, para isso nos deu todos os seus dons, para esta missão nos confirmou com seu Espírito. Por isso o Espírito nos impulsiona a formar uma comunidade fraterna, uma Igreja comprometida.

Oxalá que, como catequistas, sejamos **APAIXONADOS PELO REINO** e saibamos educar aos nossos catequizandos para que, com suas vidas, respondam adequadamente à pergunta que Deus irá fazer no exame final.

Oxalá que, como catequistas, saibamos transmitir e fazer com que vejam que toda a Igreja, tudo o que nos propõe para crescermos como cristãos, para alimentar nossa fé e nosso seguimento de Jesus: a Eucaristia, a oração, os tempos litúrgicos, a leitura da Palavra de Deus, os sacramentos, as normas morais e as demais práticas religiosas, são colocados para que, no final, como efeito de nossa autêntica relação e amizade com Deus *Abba* de Jesus, nos ajudem a ser cada vez mais sensíveis para perceber o sofrimento humano que há em nosso redor, e a agir em consequência, ***como o bom samaritano***. Hoje, mais do que nunca, o mundo necessita de pessoas, comunidades, que sejam ***testemunhas da caridade, testemunhas do Reino tão especial que Jesus veio inaugurar***.

Que o Espírito Santo nos guie e acompanhe na tarefa de educar aos nossos jovens, os cristãos e cristãs do século XXI, nesta **APAIXONANTE MISSÃO** do Reino.

OFICINA 1

O que Deus nos oferece com o Sacramento da Confirmação (Crisma) e o que nós respondemos para Ele.

Preparamo-nos para receber
um sacramento

INTRODUÇÃO PARA ENTENDER O QUE É UM SACRAMENTO

HISTÓRIA
UMA PEQUENA BOLA

De madrugada, uma de tantas embarcações foi interditada pela guarda civil na costa de Tarifa. Nela viajava um grupo de nigerianos.
Depois de presos, foram transladados numa viatura à delegacia. Durante o trajeto, um deles abraçava com força uma pequena bola que levava.
Um dos guardas, querendo suavizar aquela situação tensa, disse-lhe brincando:
– O que é...? Veio jogar futebol na Espanha?
E o nigeriano respondeu com palavras intermitentes:
– Não, esta bola o meu filho me deu. Ele me disse: "Toma, papai, para que não se esqueça de mim".
Um nó na garganta impediu que ele continuasse falando.

Esta pequena bola deixou de ser um objeto qualquer e se tornou um símbolo da presença, do carinho e do amor de seu filho. Com essa bola o pai se encontra com o amor de seu filho, e isso lhe dá forças para seguir em frente e suportar a distância. A bola é o sacramento do seu filho. Um sacramento é um símbolo (bola) que torna visível uma realidade invisível, mas real (amor do Filho).

Se observarmos com atenção, nós também podemos ter algumas coisas, ou alguns lugares especiais, que são sacramentos em nossas vidas: o relógio que meu avô me deu antes de morrer e que agora conservo como um tesouro, que me fala de tantos momentos bons vividos com ele e do quanto me queria bem. O delicioso prato de batatas fritas que minha mãe preparava com tanto carinho quando eu era pequeno. Ou aquela vela grande que nós, crianças, acendíamos na noite de Natal sentados à mesa. Ou aquele lugar na montanha onde íamos jogar com os amigos de infância. Ou a antiga casa dos avós, com seu cheiro tão peculiar etc.

Todas essas coisas deixaram de ser coisas, ou lugares, e se transformaram em pessoas que nos falam. Podemos ouvir sua voz e sua mensagem em seu interior, em seu coração. Transformaram-se em sacramentos, ou seja, são sinais que contêm, exibem, lembram, visualizam e comunicam outra realidade diversa delas, mas presentes nelas mesmas. Torna presente a amizade, o amor, o afeto, o calor do lar, apreço, felicidade... Tudo o que os outros nos deram de presente e vivemos juntos com eles.

"Na vida humana, sinais e símbolos ocupam um lugar importante. O homem expressa e percebe as realidades espirituais através de sinais e símbolos materiais. Como ser social, o homem necessita de sinais e símbolos para comunicar-se com os outros através da linguagem, dos gestos e das ações. O mesmo acontece em sua relação com Deus."

Catecismo da Igreja Católica, n. 1.146.

📝 Em pequenas folhas de papel (um quarto da folha), escrevam ou desenhem quais são os seus sacramentos. Em cada folha só poderão colocar uma coisa. Quando terminarem, colocarão suas folhas em uma caixa de presente já preparada pelo catequista.

- Qualquer um dos colegas tirará um dos sacramentos da caixa e mostrará para todos. Então quem escreveu ou desenhou explicará o significado do objeto e porque é um sacramento para ele. Em seguida a caixa de presente passará para outro colega fazer o mesmo, e assim sucessivamente até retirarem todos os sacramentos da caixa.

> Esses objetos que estão na caixa são sacramentos somente para quem os desenhou ou escreveu nas folhas. Para os outros não representam nada. Somente os entende e valoriza quem teve uma vivência, uma experiência pessoal que está sob esses objetos que simbolizam essa experiência.

Falamos dos sacramentos humanos, a partir de agora passaremos a falar dos sacramentos de Deus.

1 Preparados...

1.1 Os sacramentos de Deus

Crer em Deus, ter fé, é viver uma experiência pessoal de Deus, é sentir Deus vivo e presente na própria vida, é se encontrar com Jesus de Nazaré, que é apresentado nos evangelhos, ou em sua comunidade de cristãos, ou em algum cristão em particular, ou em algum acontecimento de nossa vida.

É Jesus quem nos faz pensar, nos questiona, nos atrai, nos convence com seu jeito de viver, nos  remete em nosso interior para conhecermos melhor a nós mesmos e a Ele, que habita em nós. Ter fé é nos descobrirmos falando interiormente com Alguém que nos escuta como o melhor dos amigos e nos dá paz e segurança.

Somente a partir da vivência que cada um tem de Deus, de Jesus, é que nasce a fé, a crença em Deus. Tenho fé, quando acredito de coração nas afirmações do Catecismo e nas verdades que dizem e vivem os cristãos, porque assim eu mesmo vivo e experimento estas verdades dentro de mim em meu interior.

Quando alguém acredita em Deus a partir da experiência pessoal, é quando tudo ao seu redor pode transformar-se em **sacramento de Deus**. Tudo na criação pode transformar-se em sinal dele, tudo pode falar dele: a beleza de um pôr do sol, um impressionante amanhecer, a imensidão do mar, o encantador arco-íris, a grandiosidade do firmamento, a beleza de uma montanha, que poderíamos resumir sobre a natureza. Tudo isso nos pode falar da grandeza de Deus, de sua imensidão, de seu mistério, de sua profundidade.

"Deus fala ao homem através da criação visível. O cosmos material apresenta-se à inteligência do homem para que este leia nele os vestígios do seu Criador (Sb 13,1; Rm 1,19-20; At 14,17). A luz e a noite, o vento e o fogo, a água e a terra, a árvore e os frutos falam de Deus, simbolizam ao mesmo tempo a sua grandeza e a sua proximidade."

Catecismo da Igreja Católica, n. 1.147.

Também o olhar de uma criança, o gesto de ternura de uma mãe, a mão estendida de um amigo, um pai que cuida de seus filhos... Assim a pessoa se transforma no maior sacramento de Deus, de sua inteligência, de seu amor e de seu mistério, especialmente aqueles que sofrem passando por necessidades, pobreza, desprezo ou desamparo. Assim Jesus o revelou, o Cristo, o sacramento vivo de Deus, encarnado nele. Vendo Jesus sabemos como é Deus: *"Com Jesus apareceu a bondade e o amor humanitário de Deus, nosso Salvador"* (Tt 3,4; 2Tm 1,10). *"Ele era a forma visível do Deus invisível"* (Cl 1,15). *"Quem vê a mim vê também o Pai"* (Jo 14,9).

A Igreja também é mais do que a comunidade dos batizados. É o sacramento de Cristo ressuscitado, fazendo-se presente na história. Hoje em dia Jesus se faz presente através da Igreja, da comunidade cristã, e também através de cada cristão que vive o Evangelho de verdade. Na Igreja tudo é sacramento porque recorda Jesus tornando-o palpável: a liturgia com seus ritos, as pessoas, a atividade da Igreja na sociedade, sua ação social comprometida, sua obra missionária etc.

> Para quem tem experiência de Deus, para quem vive amigavelmente, todo o mundo é um grande sacramento. Cada coisa, cada sucesso que ocorre em sua vida pode ser sacramento de Deus, pode falar como Deus está agindo em sua vida.

O *rally* fotográfico

Quais coisas, quais detalhes, quais momentos da natureza, das pessoas, tudo o que foi criado neste mundo, em sua vida cotidiana, lhe falam de Deus?

📝 Tire fotos com uma câmera, ou recorte imagens de revistas e traga-as para a próxima reunião do grupo. Colocarão em comum e contarão por que falam de Deus, por que são sacramentos de Deus para vocês. Em seguida farão um grande mural e colocarão em sua sala de reunião com o seguinte título: **"Aqui Deus está falando"**.

1.2 Os sete sacramentos da Igreja

A partir de tudo o que foi visto, podemos compreender melhor o sentido dos sete sacramentos da Igreja.

> "Os sacramentos da Nova Lei (*do Amor*) foram instituídos por Jesus e são sete: o Batismo, a Confirmação, a Eucaristia, a Penitência, a Unção dos Enfermos, a Ordem e Matrimônio. Os sete sacramentos atingem todas as etapas e todos os momentos importantes da vida do cristão: dão nascimento e crescimento, cura e missão na vida de fé dos cristãos. Aqui há uma certa semelhança entre as etapas da vida natural e as da vida espiritual."
>
> *Catecismo da Igreja Católica*, n. 1.210.

A comunidade cristã encontra nos sete sacramentos o símbolo que torna visível a comunidade, e, àquele que crê, o **derramamento do Amor e força salvadora** de Deus, de forma especial e REAL, nos momentos mais importantes da vida de uma pessoa.

Desta maneira poderá realizar-se plenamente como pessoa, **transformando-se de fato naquilo para o qual foi criado**, ser sacramento de Deus, imagem sua, que, com suas obras, com sua vida, assim como Jesus, torna PRESENTE E PALPÁVEL O REINO DE DEUS.

Para receber esses sacramentos e beneficiar-se de tudo o que nos oferece, é preciso ter FÉ.

Sem a fé, sem a experiência de Deus, o sacramento não diz nada. Somente para quem tem fé os ritos litúrgicos dos sacramentos se transformam em veículos misteriosos da presença de Deus e do amor que nos derrama. *Caso contrário, se tornam em meras cerimônias vazias ou mágicas, que não servem para nada.*

> "Celebrados dignamente na fé, os sacramentos dão a graça do que de fato significam. São eficazes porque neles atua Jesus mesmo. Ele é quem batiza, Ele é quem atua em seus sacramentos, a fim de comunicar a graça do sacramento e seu significado."
>
> *Catecismo da Igreja Católica*, n. 1.210.

Desses sete sacramentos, três formam o que se conhece como sacramentos da iniciação cristã: Batismo, Eucaristia e Confirmação. Esses três presentes que Deus oferece ajudarão a transformar-nos interiormente para sermos autênticos seguidores de Jesus e para estarmos plenamente integrados na comunidade de seus seguidores, a Igreja.

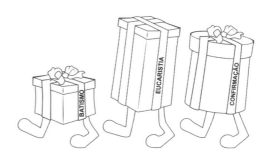

Vocês já receberam os primeiros sacramentos. Falta a Confirmação, o sacramento para o qual estão se preparando, para serem plenamente cristãos.

Em todos os sacramentos é Jesus quem atua diretamente sobre vocês, dando-lhes algo especial dele: a alegria da sua nova vida ressuscitada, seu Espírito, sua força e energia, sua paz e perdão, seu amor transbordante, sua amizade incondicional, sua força e coragem para a missão confiada a vocês etc.

É como se vocês fossem um dos personagens do Evangelho que se encontra com Jesus pelos caminhos da Galileia que, através de um gesto, de uma palavra, transmite sua vida em seus corações, seu Espírito, sua força, para que andem decididos pelos caminhos da felicidade, que tornam possível o Reino, um mundo melhor.

Assim, os sacramentos são os grandes sinais da Igreja. É como se tivessem recebido um remédio muito especial, através deles: Jesus Cristo...

Imagine que este remédio tivesse uma bula em sua caixa. Talvez pudesse dizer algo similar como:

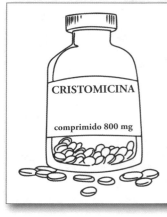

Bula de CRISTOMICINA 800mg
Composição
100mg de Espiritusanticina
100mg de Caritacetil
100mg de Esperanceticina
100mg de Feconfiançol Forte
100mg de Compromissitina Ativa
100mg de Experiência de Deusnaveia
100mg de Fraternidalítico
100mg de Reinojá

Indicações da Cristomicina

- Egoísmo severo, moderado e leve, em casos de consumismo compulsivo ou hiperatividade da glândula do enriquecimento, acompanhados de processos crônicos de compartifobia. Diante desses quadros clínicos, Cristomicina elimina o germe egoístico com grande efeito e estimula o hormônio da partilha **CCB** (Comunicação Cristã de Bens).
- Enfermidades provocadas pelo vírus **IHV** (Injustiça Humana Vergonhosa). Favorece a absorção da vitamina crítica **OMP** (Outro Mundo é Possível).
- Estados de indiferença cataléptica provocada por sobredose televisiva, videojoguites, folguites, acompanhada de cegueira perante a realidade de pobreza, necessidade e sofrimento. Cristomicina age provocando uma hipersensibilidade mobilizante às realidades de pobreza, comovendo as entranhas e ativando o hormônio da compaixão e a enzima "Amimofizesteis".
- Infecções por bactérias de preconceitos e discriminação que causam excesso de alergias (a imigrantes, pessoas com necessidades especiais, pessoas com ideias diferentes ou outro aspecto físico etc.).
- Atrofia da corda vocal da denúncia perante as injustiças.
- Infecções do coração (endurecimento, esfriamento ou diminuição de tamanho) causadores da maioria das maldades do mundo.

- Tumores agressivos do tipo: orgulho, soberba, prepotência. Cristomicina potencializa o hormônio da humildade, exercendo um efeito curador muito efetivo sobre os tumores.
- Ataques de ansiedade, medo, insegurança, desequilíbrios emocionais, frustrações, perdas de sentido, crises de esperança. O componente ativo de Cristomicina provoca efeitos pacificadores e recompõe a descompensação dos valores anímicos.

Posologia

Os adultos devem tomar um comprimido ao se levantar a fim de começar bem o dia; em crianças e jovens, um comprimido semanal como terapia preventiva para não ficarem enfermos na vida adulta. Em casos extremamente graves é mais rápido o efeito uma injeção na veia (1.000mg) no hospital comunitário. Aconselha-se não abandonar o tratamento por nenhum motivo, já que os vírus ambientais são tão agressivos que podem provocar uma recaída devido à baixa resistência.

_____

_____

_____

Contraindicações

Desconhecidas. É recomendado para todas as pessoas, como medida de prevenção ou como tratamento da doença.

_____

_____

_____

Incompatibilidades

Este medicamento é incompatível com o consumo habitual de individualicinas e adormicinas do tipo acomodamento, diversioníticos evasionantes, luxuosísticos, religiosísticos _light_, consumismoses letargitantes e outros com o mesmo princípio ativo.

_____

_____

_____

Intoxicação e tratamento

Durante os últimos 2.000 anos a Cristomicina foi testada e utilizada por milhões de pessoas em todo o mundo, e nenhum caso de intoxicação foi produzido. Não há perigos com superdose. É um medicamento totalmente respeitoso com a pessoa.

_____

_____

_____

Efeitos secundários

Este medicamento é bem tolerado por todas as pessoas que o tomam. Porém, em determinados casos podem provocar vômitos de indignação diante das situações de injustiças detectadas, ou sentimentos de impotência perante tanta necessidade e pobreza. Os efeitos secundários mais frequentes são estados de felicidade crônica, bondade contagiosa, hiperdesenvolvimento da acolhida, do sentido da vida, crescimento espiritual. Observaram-se outros sintomas que não estão registrados e poderão ser acrescentados ainda nesta bula.

_____

_____

_____

_____

_____

_____

_____

Sem receita médica.
Este medicamento deve manter-se ao alcance de todas as pessoas.
Laboratório Farmacêutico de Caritasmundi

▫ Acrescente tudo o que você acha que completaria melhor esta bula em cada um dos itens.

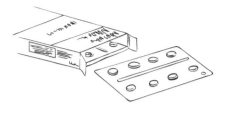

Na bula há alguns medicamentos que não se podem tomar junto à Cristomicina porque são incompatíveis. São medicamentos que provocam um estilo de viver distinto, ao contrário do que Jesus nos propôs em seu Evangelho.

Simbolicamente, alguns desses medicamentos poderiam chamar-se de:
- Consumismocina
- Dinheirosantine
- Eumeupramim plus
- Souomelhor
- Vounaminha

▫ Poderão acrescentar mais nomes (criativos) de medicamentos. Inclusive poderão confeccionar as caixas com cartolinas, ou utilizar caixas vazias de medicamentos que tenham em casa. Desta forma terão pronta a "Farmácia deste mundo" e conhecerão os medicamentos que não se devem misturar com Cristomicina...

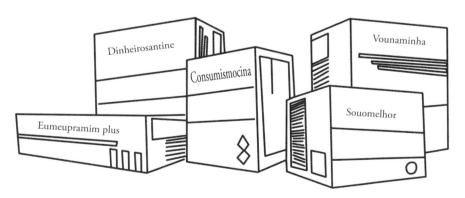

▫ Depois de terem feito todos esses medicamentos, coloquem sobre a mesa e formem duplas. Cada dupla escolherá um desses medicamentos para fazer uma bula original dele, de tal forma que se observe o estilo de vida que provoca em toda pessoa que o use, para que assim se possa ver claramente a diferença do estilo de vida que provoca a Cristomicina.

Bula de...

2   Prontos...

2.1 O que Deus quer dar de presente para vocês com o Sacramento da Confirmação neste momento-chave da sua vida?

HISTÓRIA
A FONTE DO ESPÍRITO SANTO

Um homem encontrou pelo caminho uma seta e nela estava escrito: "A fonte do Espírito Santo". Cheio de curiosidade, seguiu na direção que indicava. Depois de caminhar um bom tempo viu de longe uma fonte de água muito cristalina caindo do alto de uma montanha até a terra.

Ao chegar lá deu-se conta de que, apesar da quantidade de água que caía, não se formava nenhuma lagoa, nem corria nenhum córrego ladeira abaixo. Surpreendentemente a terra absorvia toda água.

Viu um ancião que estava ali e então perguntou-lhe:

— Por favor, senhor, poderia explicar-me que tipo de fonte é esta?

E o ancião respondeu:

— Esta água tão limpa e cristalina que você vê cair é o Espírito de Deus, que constantemente está derramando a força de seu Amor sobre a terra.

— E ninguém o pega?, perguntou o homem.

— Poucos são os que o pegam. Não se encontra quem queira a maior parte desta água.

Então o homem disse ao ancião:

— Eu queria beber desta água, mas não tenho recipiente para guardá-la.

O ancião, com um sorriso, disse:

— Claro que você tem recipiente. Seu coração. Somente nele se pode guardar esta água. E a quantidade para se guardar depende do espaço que você deixa em seu coração.

Os discípulos de Jesus, do mesmo jeito que você, também tiveram que preparar seu coração para receber o Espírito Santo. Tiveram que conhecer Jesus de verdade, passar pela páscoa e ressurreição para descobrirem com profundidade quem era realmente o amigo Jesus. E quando estavam com o coração aberto, foi quando puderam receber o Espírito Santo no dia de Pentecostes (At 2,1-4). O Espírito Santo que é Deus, dando-lhes força e coragem.

Vocês estão se preparando para o Pentecostes individual, que será o dia em que receberão o Sacramento da Confirmação.
O encontro de catequese, espaço de reflexão e partilha e o que fazem em cada uma das oficinas, **objetiva preparar**, para que sejam pessoas de **coração comprometido**, porque somente assim é possível tornar realidade o Reino de Deus que Jesus veio iniciar. Então, estarão prontos para receber o Espírito Santo nos seus corações.

"A Confirmação produz crescimento e aprofundamento da graça batismal:
- enraíza-nos mais profundamente na filiação divina, que nos faz dizer "*Abba*, Pai" (Rm 8,15);
- une-nos mais solidamente a Cristo;
- aumenta em nós os dons do Espírito Santo;
- torna mais perfeita a nossa vinculação com a Igreja;
- dá-nos uma força especial do Espírito Santo para difundir e defender a fé pela palavra e pela ação, como verdadeiras testemunhas de Cristo, para confessar com valentia o nome de Cristo e para nunca sentir vergonha em relação à cruz."

Catecismo da Igreja Católica, n. 1.303.

Confirmação tem origem da palavra "firmare", que quer dizer ***consolidar***, ***confortar***, ***afirmar***. A Confirmação quer lhe dar a capacidade de suportar, através do Espírito Santo, aprendendo SER FIEL A SI MESMO, a ENCONTRAR SEU LUGAR NO MUNDO.

No Batismo nascemos de novo através da água do Espírito Santo para uma vida nova de **AMIZADE PROFUNDA** com Jesus (fé), incorporando-nos na comunidade de seus amigos (Igreja). Na Confirmação somos fortalecidos para que não nos deixemos guiar pelo "espírito deste mundo," senão pelo Espírito de Deus.

Contamos com a força do Espírito e não permitiremos que o mundo tenha poder sobre nós. Trabalharemos por um mundo segundo a vontade de Deus, mais justo, fraterno e solidário.

Escrevam, em volta da teia de aranha, todas as coisas que o "espírito do mundo" provoca nas pessoas (atitudes, jeitos de ser...) e que vocês nunca querem ter. Cada um explicará o que escreveu. Depois disso, escrevam estas coisas em um papel rascunho, amassem, e, sem se mover de onde estão, joguem na lixeira da sala. Se errar é porque pode estar necessitando da força do Espírito Santo.

> No Sacramento da Confirmação você receberá o Espírito Santo,
> para que possa cumprir sua missão no mundo e na Igreja.

É importante neste tempo de preparação, através das próximas oficinas, conhecer mais a si mesmo, com tudo de bom que Deus colocou em você. Comece a observar com seriedade qual a sua vocação pessoal. Cada pessoa tem uma missão. Jesus também descobriu sua missão, e um dia tornou-a pública.

Procure e leia esta citação: Lc 4,16-21, para conhecer a missão de Jesus.

A **missão de Jesus também é a missão de cada cristão**. Com a Confirmação você também participará da mesma missão de Jesus, de acordo com as capacidades e as qualidades que Deus lhe deu. E ao mesmo tempo, como membro da Igreja, também participará da missão que a Igreja tem no mundo, a mesma que Jesus recomendou aos seus discípulos.

"Ide por todo o mundo e pregai o Evangelho a toda criatura."

Mc 16,15

"Como o Pai me enviou, assim também eu vos envio. Após essas palavras, soprou sobre eles e disse: Recebei o Espírito Santo."

Jo 20,21-22

"Pelo caminho, proclamai que está próximo o Reino dos Céus. Curai os enfermos, ressuscitai os mortos, limpai os leprosos, expulsai os demônios. Recebestes de graça, dai de graça."

Mt 10,7-8

---

*"A Igreja recebe a missão de anunciar e estabelecer em todos os povos o **Reino de Cristo e de Deus**. Ela constitui o germe e o início deste Reino na terra."*
Catecismo da Igreja Católica, n. 768.

> **Se observar com atenção, nos evangelhos, Jesus constantemente está falando e anunciando o REINO DE DEUS. É a sua missão.**

Formem grupos de três membros e procurem na Bíblia os evangelhos em que Jesus utilizou a palavra **REINO**. Marque com uma tarja de papel cada lugar dos evangelhos onde encontrarem uma citação. Terão 13 minutos de tempo. Ganhará a equipe que encontrar mais citações. Depois leiam todas as citações que encontraram.

O objetivo fundamental da vida de Jesus foi anunciar e tornar visível e palpável a CHEGADA DO REINO DE DEUS. Como Jesus vivia numa intimidade e num amor tão profundo com Deus Pai, considerava que todos os outros seres humanos eram seus irmãos, filhos de seu mesmo Pai, criador de todos. Por isso viveu comprometido em fazer o possível para **que todos vivessem como irmãos**; que ninguém passasse necessidade, que ninguém vivesse marginalizado, excluído, que ninguém fosse pisoteado pela injustiça dos poderosos ou dos egoístas, que ninguém sofresse discriminação, que ninguém vivesse desamparado e esquecido...

Nisso consiste o Reino de Deus, o que Jesus disse simbolicamente: *ressuscitai os mortos, expulsai demônios, curai leprosos...* **Com o Sacramento da Confirmação, com a força do Espírito, fará sua esta missão da Igreja de anunciar e estabelecer o Reino de Deus onde estiver, dando testemunho de Jesus com seu estilo de viver fraterno e comprometido.**

> *Isso é o que Deus quer oferecer com este sacramento. No decorrer das próximas oficinas, descobrirá como anunciar, construir e tornar presente, com a força do Espírito, o REINO DE DEUS que Jesus iniciou com sua vida comprometida.*

3 Já!

3.1. Ja é a hora do compromisso – Qual é a nossa resposta para Deus perante este presente que Ele quer nos oferecer com o Sacramento da Confirmação?

Todo sacramento é um presente de Deus, mas somente podemos nos beneficiar do que Ele oferece se aceitarmos conscientemente este presente, se tivermos o coração aberto para recebê-lo e acolhê-lo.

O presente que Deus quer lhe dar com a Confirmação, a força do Espírito Santo, lhe será entregue se você não fizer nenhum impedimento. Caso contrário, quando participar do rito do sacramento será visível a presença de Deus, que derrama seu Espírito sobre você mediante os gestos e símbolos, mas seu coração não o receberá porque terá as portas fechadas.

Por isso, **receber um sacramento requer:**

- Preparar o **coração**.
- Ter muita **vontade** de encontrar-se com Deus.
- Ter ânsia em **ser** MAIS AMIGO de Jesus, conhecê-lo melhor.
- **Conversão** de vida, ou seja, mudar tudo aquilo que em nós não é bom porque faz os outros sofrerem, ou porque prejudica a nós mesmos.
- **Preparar-se** bem e aproveitar a catequese de Confirmação para ser melhor pessoa e seguidor de Jesus.

📓 Depois desse tempo que você está se preparando para receber este sacramento, é importante responder em seu diário sincera e livremente:

> Continua querendo receber o Sacramento da Confirmação? Por que razão você quer recebê-lo?

📓 Em seguida resuma em seu diário o que tem significado para você esse tempo de preparação na catequese para a Confirmação: O que você vivenciou em seu grupo? O que refletiu e descobriu, de si mesmo e do ser cristão, neste período de catequese? Depois partilhe com o seu grupo e catequista.

> Se você decidiu seguir em frente e dar este passo importante em sua vida, **PARABÉNS**! Começamos a etapa final de preparação, que o conduzirá até o momento em que receberá o Sacramento da Confirmação.
> E, para esta etapa final, propõe-se que assuma três compromissos que tornarão sua decisão de receber este sacramento autêntica e sincera. Ajudarão na sua preparação porque são indispensáveis para viver como cristãos.

Compromisso 1: participar da Eucaristia

Participar semanalmente como grupo de confirmação da celebração eucarística dominical. Se não puderem participar juntos, fazê-lo individualmente em sua comunidade.

A Eucaristia é muito importante na vida de um cristão. Receber a Comunhão nos faz unir mais a Jesus e nos compromete a vida fraterna com o próximo. Não teria sentido querer ser confirmado e não participar semanalmente da Eucaristia, que deverá ser algo muito presente em nossa vida cristã e comunitária.

Compromisso 2: ler os evangelhos

Durante este período de preparação propomos que leia com calma e atenção os quatro evangelhos de Mateus, Marcos, Lucas e João, e o Livro dos Atos dos Apóstolos. **Descubra o que esses textos querem dizer a você pessoalmente**, que está se preparando para a Confirmação. Foram escritos para que conheça profundamente a Jesus e o que Ele quer de você. **Sublinhe-os, saboreie-os.**

Pegue seu "diário" para anotar suas reflexões, seus pensamentos, seus questionamentos e tudo o que suscite sua leitura.

Se tiver alguma dúvida sobre os textos e seu significado, pergunte ao seu catequista ou ao padre. Deve entender que os evangelhos foram escritos há 2.000 anos em uma cultura distinta da nossa, e com alguns gêneros literários concretos, que precisam ser considerados para serem compreendidos e interpretados em algumas passagens bíblicas.

A leitura durante o período de preparação para a Confirmação não é algo que terminará quando receber o sacramento, mas deverá lhe acompanhar sempre. A leitura assídua do Evangelho, da Palavra de Deus, é algo muito importante na vida de um cristão, porque através dela Deus nos fala ao coração e sinaliza o caminho.

Todo cristão deverá realizar algum curso bíblico, formar-se para conhecer melhor a Palavra de Deus. Oxalá, na sua paróquia ou em outro lugar, possa formar-se para conhecer melhor a verdade que Jesus nos quis dizer em seu Evangelho, e não correr o risco de fazer falsas interpretações.

Compromisso 3: orar

Dedicar diariamente um tempo de tranquilidade para a oração, ou seja, para falar com Jesus. A oração é isso, estar com Jesus, falar com Ele, escutá-lo tal e qual como se faz com um amigo.

• Poderá ajudar se você ler primeiro um pequeno texto do Evangelho e, a partir dele, em silêncio, meditá-lo, buscando compreender o que Jesus quer lhe dizer com essas palavras.

- Poderá ficar em silêncio, deixar sua mente vazia de pensamentos e palavras, respirar tranquilamente como se em cada inspiração a presença de Deus lhe envolve e inunda seu interior.
- Também pode contar a Ele como foi seu dia, seus problemas, seus sonhos, suas falhas, seus medos, suas preocupações. Ele já sabe, mas desta maneira você irá verbalizar e tornar-se consciente da presença de Deus em você, e que também está com você para apoiá-lo.
- Pode ainda utilizar o diário para escrever nele sua oração, seu diálogo com Jesus.

Seja como for a sua forma de fazer oração, deve dedicar um tempo diariamente. A oração é básica na vida de um cristão. Sem ela a vida cristã morre, assim como morre a amizade e o amor quando se rompe o diálogo, quando não se dedica tempo para estar junto com o amigo. A oração deverá acompanhar sempre você, em toda a sua vida, como algo natural e espontâneo.

Depois de ter lido esses compromissos, como sinal de que se comprometerá em realizá-lo de verdade em seu processo de preparação para a Confirmação, assine abaixo:

Comprometo-me a colocar em prática os três compromissos que me propõem para preparar-me melhor para a minha Crisma.

Assinado:

3.2 Jogo do Minitrivial do Evangelho

Aproveitando que lerão em casa os quatro evangelhos e os Atos dos Apóstolos, propõe-se que preparem esse jogo durante os próximos três ou quatro meses. O trabalho consiste em:

- Individualmente elaborar dez perguntas de cada evangelista e dos Atos dos Apóstolos e respondê-las de maneira concreta e concisa.
- Escrever cada pergunta seguida de sua respectiva resposta com a citação bíblica, separadamente, em um quarto de folha A4. Nesta folha escrever no topo o nome do Evangelho ou de Atos, e no final seu nome entre parênteses.
- À medida que for concluindo as leituras e de elaborar as perguntas e respostas, conforme foi orientado, deverá entregar o trabalho ao catequista. Este irá conferir se está correto e excluirá as perguntas repetidas. Depois as colocará em uma caixa.
- Quando todos terminarem de ler os quatro evangelhos e o Livro dos Atos, e o catequista estiver com todas as perguntas na caixa, será o momento de fazer o jogo.

Material necessário
1) Tabuleiro do *Minitrivial*.
2) Dado.
3) Cinco fichas quadradas de papel ou cartolina de cores diferentes, ou com o número distintivo de cada equipe participante, com espaço suficiente para escrever os quatro evangelhos e o Livro dos Atos.

Número de participantes
É uma atividade pensada para ser realizada com cinco equipes. Se este jogo for realizado num grupo grande, deve-se colocar uma mesa em frente aos grupos ou no centro da sala, com os tabuleiros, as fichas e o dado.

1 Em que consiste o jogo

No tabuleiro há um pentágono representado através de casinhas. As casas grandes que estão no vértice do pentágono são os quatro evangelhos e o Livro dos

Atos dos Apóstolos, que são as portas de entrada da casinha central do tabuleiro, onde está a figura de Jesus.

O jogo consiste em que cada equipe participante, através do dado e da resposta correta às perguntas relacionadas a cada casinha, colocará sua ficha na casinha central onde está Jesus.

2 Normas do jogo

- Formarão cinco equipes e cada equipe terá um porta-voz, que será o encarregado de dar a resposta que sua equipe decidir para cada pergunta do jogo. Também haverá um encarregado de levantar-se para jogar o dado e mover a ficha da equipe, consultando os membros da equipe sobre qual direção movê-la. Se quiserem, o encarregado pode ser diferente cada vez, de forma que todos da equipe possam cumprir essa função.
- O catequista ficará encarregado de fazer as perguntas do jogo.
- Depois de estabelecer um tempo de participação, cada equipe iniciará o jogo colocando sua ficha em uma das cinco casas grandes que estão nos vértices do pentágono e que representam os livros evangélicos.
- Cada equipe, quando for a sua vez, jogará o dado e avançará sua ficha até uma das casas nos vértices. Depois, o catequista fará uma pergunta correspondente a casa. A cada acerto escreverá em sua ficha o nome do livro evangélico do qual a resposta foi correta e voltará a jogar o dado para sair por onde entrou e buscar o caminho para entrar em outro livro evangélico na casa central de Jesus. Se errar a resposta da pergunta, deverá sair por onde entrou e tentar novamente se a equipe estiver de acordo.
- No momento em que uma equipe está prestes a entrar na casa central de Jesus, se, ao jogar o dado, o número que sair for superior ao que falta para entrar na casa central, a ficha não se moverá e o catequista fará uma nova pergunta correspondente à casa onde estão. Se a resposta for errada, sua ficha retrocederá uma casa, e se acertarem terão a oportunidade de voltar a jogar o dado.
- A equipe que consiguir entrar na casa central de Jesus através de cada um dos cinco livros evangélicos do tabuleiro, e que tenha respondido corretamente à pergunta de cada livro que se fez na casinha central, ganhará o jogo.

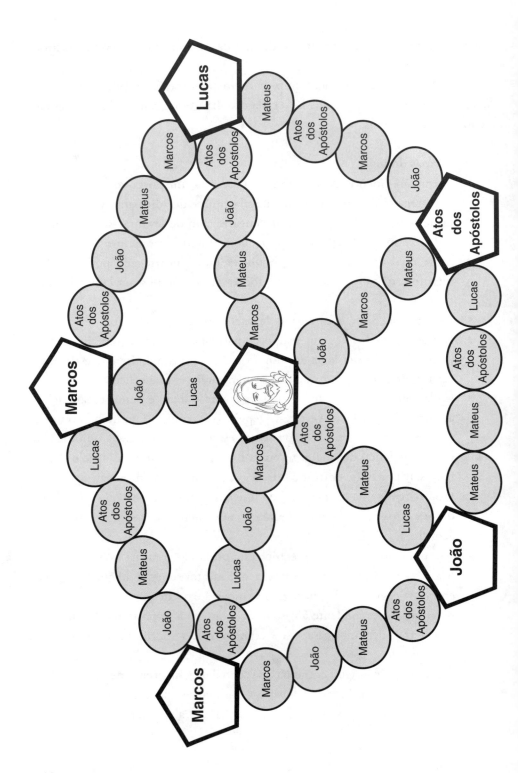

3.3 Já é o momento de orar juntos

Para iniciar esta última etapa em sua preparação para receber o Sacramento da Confirmação, faremos uma oração especial como grupo. Se for possível fazê-la na Igreja, melhor. Não tenham pressa, saboreiem a oração quando estiverem fazendo-a. Oxalá que as palavras e textos que existem nesta oração os acompanhem e ressoem durante esta etapa final de preparação.

Preparação do ambiente

Sobre uma mesa, no chão ou num lugar visível para todos, coloquem um grande cartaz com a frase: *"Senhor, o que queres que eu faça?"* Em volta dele coloquem velas apagadas (suficiente para todos os presentes). Coloquem também o Círio Pascal aceso como símbolo da presença de Jesus.

Providenciem uma música instrumental para ambientar a oração.

DURANTE A ORAÇÃO

1 Invocação ao Espírito Santo

Começamos este momento com a oração para invocar o Espírito Santo (anexo 1, p. 209).

2 Introdução para iniciar a oração

(*Ler pausadamente, sem pressa, deixando que a música ambiente envolva as palavras.*)

Iniciamos um momento de oração, com a intenção de conectarmos mais conscientemente na PRESENÇA de Deus, fonte de VIDA, que no mais profundo do nosso coração, constantemente, está derramando sua água de paz, amizade e amor autêntico.

A oração não é mais que isso: tornar-nos conscientes da fonte sagrada que existe dentro de nós... e simplesmente... deixar-nos ENCHARCAR por ela. Façamos silêncio interior. Calemos todas as vozes internas, todos os pensamentos.

Escutemos somente nossa respiração, como se em cada vez que respiramos nos enchêssemos do Espírito de Deus e entrássemos no mais profundo de nós, lá onde mora Deus.

Durante alguns instantes sinta sua respiração... e no ar que respira imagine que é Deus que vai inundando toda a sua pessoa.

Breve momento de silêncio enquanto continua tocando a música suave.

Agora, na presença deste Deus que vive dentro de nós, convido-lhes que façam sua a oração que será proclamada:

Leitor 1:

> Que minha vida seja como a dele: servir.
> Meu Pai, ponho-me em tuas mãos.
> Fazei de mim o que quiseres,
> Qualquer coisa que faças de mim, dou-te graças.
> Estou disposto a tudo.
> Aceito tudo, contanto que em mim e em
> toda a humanidade se cumpra a tua vontade.
> Ilumina minha vida com a Luz de Jesus.
> Não vim para ser servido, mas vim para servir.
> O grão de trigo que morre no sulco do mundo.
> Que seja assim verdadeiro, PAI.
>
> Entrego a minha vida.
> Dou a minha vida. Conduza-me.
> Envia-me o mesmo Espírito que movia Jesus.
> Ponho-me em tuas mãos,
> inteiramente,
> sem reservas,
> com uma confiança absoluta,
> Porque Tu és... MEU PAI.
>
> *Charles de Foucauld*

A partir do silêncio de seu coração, releia novamente as palavras da oração de Charles de Foucauld... deixe que a paz e a confiança invada seu coração, sabendo que está em boas mãos e pergunte:

Senhor, o que queres que eu faça...?
Senhor, o que queres de mim...?

Em silêncio vamos meditar sobre isso. Durante este tempo, se desejar murmure frases do Evangelho para que ressoem em seu interior.

Quem quiser, poderá pegar uma vela, acendê-la no Círio Pascal e deixar junto ao cartaz como símbolo de sua disponibilidade e entrega para ser instrumento do Reino, tornar possível um mundo melhor.

Enquanto ouve-se uma música instrumental, aproximadamente a cada dois minutos, o catequista dirá:
1) "Seja compassivo como vosso Pai celestial é compassivo".
2) "Ide e anunciai com vossas vidas que o Reino de Deus está próximo".
3) "Curai enfermos, ressuscitai mortos, purificai leprosos, expulsai demônios". "Recebestes de graça, dai de graça."
4) "Seja compassivo como vosso Pai celestial é compassivo".
5) "Ide e anunciai com vossas vidas que o Reino de Deus está próximo". "Vós sois a luz do mundo."

3 Leitura do Salmo

Agora ler juntos a adaptação do Sl 62. Depois, quem quiser, poderá dizer em voz alta a frase do salmo que mais gostou ou algo que saia do coração, que gostaria de dizer para Deus.

Salmo para o caminho
A ti, meu Deus, apresento meu sonho e meu esforço; em ti, meu Deus, confio, confio porque sei que me amas.
Que na provação eu não me abata pelo cansaço, que tua graça triunfe sempre em mim.
Eu espero sempre em ti.
Eu sei que Tu nunca desamparas quem em ti confia.
Mostra-me teus caminhos, Senhor, ensina-me tuas veredas.
Que em minha vida se abram caminhos de paz e bem, caminhos de justiça e liberdade.
Que em minha vida se abram caminhos de esperança, de igualdade e serviço.

Ensina-me Tu que é meu Deus e Salvador.
Cura minhas sombras e egoísmo.
Se te sigo e me abandono a ti, Senhor,
Tu me mostrarás o caminho que me leva a ser eu mesmo de verdade,
assim viverei feliz e enriquecerás a minha vida com teus dons.
Tu, Senhor, confias em mim e me esperas sempre.
Tu, Senhor, queres que eu seja de verdade teu amigo.

Tenho os olhos fixos em ti,
que me livras de minhas amarras e nós.

Indica-me teus caminhos, Senhor, Tu que és o Caminho.
Faz-me caminhar pelas sendas da verdade,
Tu que és a Verdade do ser humano.
Desperta em mim o manancial de minha vida,
Tu que és a Vida de tudo o que existe.

4 Final da oração

Nesse momento, se alguém quiser fazer um pedido, alguma ação de graças ou partilhar algo do que viveu neste espaço de oração, é o momento de fazê-lo.

Para terminar rezaremos juntos, de mãos dadas, a oração que Jesus nos ensinou, o Pai-nosso. Depois, aqueles que acenderam uma vela poderão pegá-la e levá-la como símbolo que o lembre de sua disponibilidade, para que se faça em cada um do grupo tudo segundo a Palavra de Deus.

OFICINA 2

Imagine um lugar onde as pessoas são valorizadas e respeitadas pelo que são em si mesmas, tratadas com dignidade.

O Espírito Santo nos dá a dignidade de filhos de Deus

APRESENTAÇÃO

Você é um pensamento de Deus que se tornou realidade. Antes de você ter nascido e ser concebido, Deus pensou em você. Pensou que o mundo precisava de alguém como você para que a humanidade fosse um pouco melhor, por isso lhe criou e deu-lhe vida através de seus pais, para que possa desenvolver plenamente todas as suas capacidades e qualidades, em sua vocação pessoal, em sua sexualidade, em suas inquietudes e aspirações, em tudo aquilo que Deus colocou em você para que seja feliz de verdade. E não somente isso, mas deu-lhe também uma vida que não acabará com a morte, e sim continuará por toda a eternidade. Portanto, nunca duvide de que você é valioso para Deus e para os outros.

Jesus, com seu modo de viver, com sua morte e ressurreição, veio nos revelar tudo isso: **que todos nós somos filhos de Deus, que Deus é nosso Pai e nos ama e se preocupa conosco como um Pai e uma Mãe**. Deus Pai nos enviou seu Filho Jesus para que descobríssemos o quanto somos importantes e valiosos para Ele.

Jesus quis que seus discípulos, que seus seguidores se sentissem filhos de Deus, por isso nos ensinou a chamar a Deus de Pai. Procurem rapidamente a citação exata do Evangelho onde se encontra isso e leiam-na.

Jesus se dirigia a Deus com muita confiança, chamava-lhe **"Abba"**, que é uma palavra aramaica que significa "papai-paizinho". É a palavra que as crianças pequenas usavam para chamar seus pais. Assim é como Jesus quer que sintamos Deus em nosso coração.

Forme dois grupos e procure no Evangelho de Marcos o lugar onde aparece a palavra "Abba". Quem a encontrará primeiro?

📓 O Espírito Santo é o que torna possível que você sinta em seu interior o que estas citações evangélicas dizem: **Rm 8,14-16; 1Jo 3,1-3; 4,7-9; 5,1**. Procurem-nas!

> Todos nós que vivemos neste mundo temos um valor e uma dignidade inquestionável. Merecemos uma vida digna porque somos filhos de Deus, criados pelo mesmo Deus Pai.

"Por ser a imagem de Deus, o indivíduo humano tem a dignidade de pessoa: ele não é apenas alguma coisa, mas alguém. É capaz de conhecer-se, de possuir-se e doar-se livremente e entrar em comunhão com outras pessoas, e é chamado pela graça do Espírito a uma aliança com seu Criador, a oferecer-lhe uma resposta de fé e de amor."
Catecismo da Igreja Católica, n. 357.

"A dignidade da pessoa humana se fundamenta em sua criação à imagem e semelhança de Deus."
Catecismo da Igreja Católica, n. 1.700.

"A imagem divina está presente em cada pessoa."
Catecismo da Igreja Católica, n. 1.702.

Não existe nada que doa mais para Deus do que ver ferida a dignidade de seus filhos. Por esta razão Jesus inicia sua missão de anunciar a Boa-nova do Reino aos que têm sua dignidade pisoteada, aos que sofrem injustiça e marginalização, aos que não contam com ninguém. Jesus quer ser ajuda e salvação de Deus em suas vidas, quer devolver sua dignidade perdida para que se sintam importantes e amados por Deus, que é *Abba* e deseja dar-lhes uma vida nova... para que sejam felizes de verdade.

Procurar e ler esta citação: Lc 4,16-21.

> Nela encontrarão o projeto de vida que o Espírito encarrega a Jesus para fazer acontecer o Reino de Deus. Esse é o projeto de vida que nós, seus seguidores, somos chamados a colocar em prática em nossas vidas se nos deixarmos nos encher e nos guiar pelo Espírito Santo.

Nesta oficina descobriremos de que maneira podemos deixar que o Espírito Santo atue em nós para que possamos tornar realidade o Reino de Deus.

Antes de seguir em frente, releia as citações evangélicas que viu até aqui, e escolha uma ou mais frases para meditar e guardá-la(s) na mente e no coração. Escreva-a(s). Essas são as palavras que Jesus disse especialmente para você, por isso registre uma simples mensagem de resposta.

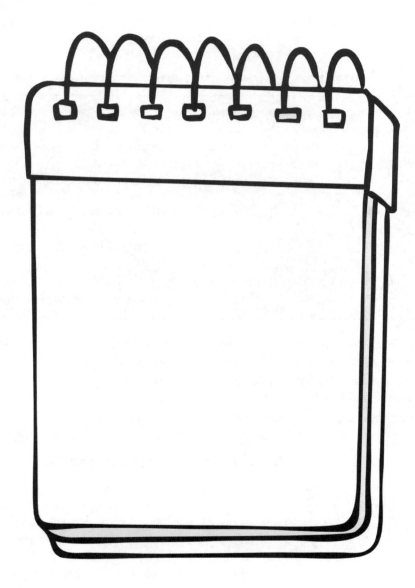

1 Preparados...

DINÂMICA
A FESTA DO OSCAR

Cada um de nós é muito valioso para Deus, somos seus filhos. Mas é comum que não reconheçamos tudo de bom que há em nós e o quanto somos importantes. Da mesma maneira, às vezes, não sabemos reconhecer tudo de bom que há nas pessoas que nos rodeiam e o quanto são importantes.
Observe o mandamento que Jesus nos deixou:

> *"Amarás o Senhor teu Deus de todo o coração, com toda a alma, com toda a mente e com todas as forças"* (Mc 12,29).

Observando este mandamento, devemos notar de que é muito importante que queiramos bem a nós mesmos, que tenhamos uma boa e saudável autoestima.

Se soubermos ver e valorizar tudo o que há de bom dentro de nós (até os detalhes mais insignificantes), também seremos capazes de reconhecer e valorizar o que existe de bom nos outros.

- Escreva dentro da figura do Oscar tudo aquilo que aprecia e valoriza de si mesmo, de seu jeito de ser, do comportamento, de sua personalidade, de seu modo de pensar, de relacionar-se, de trabalhar etc.

- Tente preencher todo o espaço em branco dentro da silhueta do Oscar. Se não couber pode escrever ao redor.
ASSIM VOCÊ MERECE UM PRÊMIO!

49

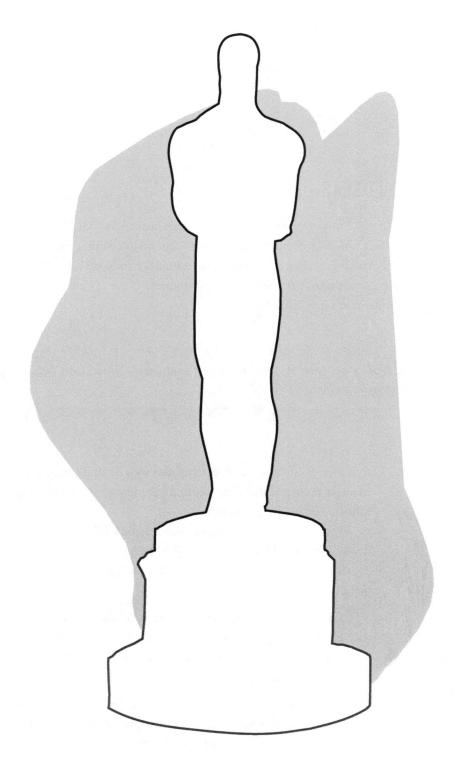

Agora que já nos esforçamos em descobrir o que existe de bom em nós mesmos, faremos com mais facilidade a tarefa de perceber tudo de bom que existe nas pessoas que nos rodeiam. Vamos iniciar pelos nossos colegas do grupo de Confirmação.

Como já passamos um tempo nos conhecendo no grupo de catequese, cada um do grupo deverá copiar ou colar um Oscar grande numa folha ou cartolina, e escrever dentro todas as coisas boas de cada colega do grupo. Tudo o que o grupo de Confirmação tem de positivo. Também poderá agradecer e inclusive dar graças a Deus, por algo muito positivo que percebe nos colegas desse grupo.

Uma condição indispensável para a entrega do Oscar é que tenham feito de cada colega do grupo a mesma quantidade de coisas positivas escritas. Tem que olhar os colegas como alguém em que Deus depositou muitas coisas boas, e nós devemos saber descobrir com nosso olhar especial de filhos de Deus.

Depois disso, podemos fazer a entrega oficial do Oscar ao grupo.

2   Prontos...

HISTÓRIA
A VISITA AO MOSTEIRO

Um grupo de jovens entrou junto com seu professor para visitar as dependências de um famoso e antigo mosteiro. O monge encarregado de guiá-los e explicar a história daquele edifício iniciou o percurso levando-os numa grande porta que dava acesso ao interior do mosteiro. Quando estavam dentro, o monge fez a seguinte pergunta:

– Sabem quem foi a pessoa mais importante que entrou por esta porta desde que o mosteiro existe?

Depois de pensar um pouco, cada um dos jovens foi dizendo o personagem histórico que eles acreditavam que poderia ter sido. Disseram de tudo: desde papas, reis ou santos, até milionários, políticos e presidentes. Mas ninguém acertou. O monge, com um sorriso provocador, insistiu que pensassem com atenção. Porém, por mais esforços que fizessem, ninguém falava o personagem em questão. Então, o monge sinalizando a cada um dos jovens, disse:

– Você mesmo. Cada um de vocês é a pessoa mais importante que já entrou neste mosteiro. Cada um de vocês é um presente de Deus para o mundo e, com sua presença irrepetível, honram nosso humilde mosteiro.

Todos ficaram surpresos com a resposta. Não sabiam se riam ou levavam a sério. Mas o monge, supondo esta reação, acabou dizendo:

– Lembrem-se de que as pessoas não são importantes pelo que elas têm ou pelo que alcançam, mas pelo que elas são em si mesmas. E vocês são filhos de Deus.

Questões para o diálogo

1) Aos olhos do mundo de hoje, o que é necessário para que uma pessoa seja considerada importante?

2) No ambiente em que vocês se relacionam, o que mais se valoriza das pessoas? O que faz com que uns sejam mais valorizados do que os outros? Vocês seguem esses mesmos critérios de valorização das pessoas? Por quê?

3) Aos olhos de Deus, qual é a pessoa mais importante e merece ser tratada com dignidade e respeito? Procure a citação de Tg 2,1-5 e comente-a, relacionando-a com o que estamos refletindo. Como podemos aplicá-la em nossas relações na vida cotidiana?

4) Se todas as pessoas são tão valiosas e importantes, se todos somos filhos de Deus, temos que ser tratados com a mesma dignidade e respeito, temos direito a uma vida digna. Quais pessoas hoje em dia, em nosso mundo, não podem viver dignamente, e não são tratadas com a mesma dignidade e respeito, ou são esquecidas em suas necessidades, como se fossem pessoas de segunda categoria?

5) Quais as dez coisas que uma pessoa deveria ter minimamente garantida para ter uma vida digna, pelo simples fato de ser humano, de ser filho de Deus? O que vocês acham que deveriam ser direitos fundamentais de uma pessoa?

ATIVIDADE

A MÁQUINA DO TEMPO

De acordo com os evangelhos, Jesus inicia sua vida pública anunciando a chegada do Reino de Deus, não só com palavras, mas também com obras. Ele faz isso libertando os oprimidos, curando os enfermos e dando aos pobres a Boa Notícia da salvação (Lc 4,16-21).

Jesus quer devolver a dignidade perdida e pisoteada de quem a perdeu. Ele quer que descubram que são importantes e valiosos para Deus, que são seus filhos. Por isso nos envia Jesus.

Vamos ver rapidamente como era a sociedade em que Jesus viveu, para assim entender melhor o que Ele fez, o que disse e a repercussão que teve. No final perceberemos que, apesar da distância de 2.000 anos, o sofrimento e a dor humana que havia naquela época continuam existindo hoje. O que muda são as circunstâncias, os interesses em jogo e os grupos coletivos e classes sociais implicadas e afetadas.

O pranto, as lágrimas e a desesperança que provocam a injustiça e o egoísmo continuam presentes. Por isso nos interessa muito a maneira com que Jesus afrontou aquela realidade, pois nos dará a luz necessária para encarar nossa própria realidade.

A sociedade em que Jesus viveu era profundamente religiosa. Era uma "teocracia", ou seja, Deus era quem mandava e governava Israel. E fazia isso através do sumo sacerdote e da Lei descrita nas Sagradas Escrituras. Embora estivessem submetidos ao poder invasor de Roma, o Império Romano deixava que se autogovernassem sempre sob sua tutela. Teoricamente, Jesus não deveria ter muitos problemas para desempenhar sua missão. Havia nascido num lugar adequado: uma nação muito crente.
Como é lógico em uma sociedade tão religiosa, o poder e o controle sobre as pessoas da cidade era exercido pelos grupos religiosos, concretamente, os saduceus e fariseus. Aquela sociedade estava distribuída da seguinte maneira:

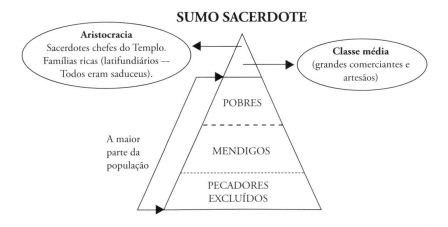

POBRES

Consideravam-se pobres aqueles que dependiam do salário diário para viver. Com este dinheiro as famílias somente conseguiam suprir suas necessidades básicas para um dia (um denário era o necessário). Daí o drama em que vivia um diarista quando não era contratado por ninguém ou ficava sem trabalho.

MENDIGOS

A este grupo social pertenciam aqueles que necessitavam de ajuda alheia para sobreviver. Dentre eles estavam os seguintes: as viúvas e os órfãos, já que ao faltar o marido e o pai, ficavam sem ninguém que trouxesse dinheiro para casa, ficando desamparados se não tivessem parentes com recursos para mantê-los; os desempregados; os enfermos, os mais numerosos naquele tempo.

Ficar enfermo era uma autêntica desgraça, já que perdendo a saúde perdia também qualquer possibilidade de trabalho, o qual implicava ser mendigo forçosamente. Sem nenhum tipo de assistência social, os cegos, surdos, mudos, coxos, paralíticos, enfermos mentais, epiléticos, leprosos etc., se não quisessem ser um peso para a sua família, não teriam outro remédio senão mendigar.

Mas a tragédia maior que viviam as pessoas doentes era que se procurassem ajuda ou consolo em Deus, os homens religiosos daquela época (sacerdotes, doutores da lei e fariseus), baseando-se nas Sagradas Escrituras, diziam que se estavam enfermos era porque haviam cometido algum pecado. Colocavam em suas cabeças a ideia de que Deus os estava castigando com aquela doença, e por isso Ele não os amava. Eram pecadores. Era aberrante a imagem de Deus que aqueles homens religiosos transmitiam.

PECADORES E EXCLUÍDOS

Considerava-se pecador aquele que não cumpria a Lei de Deus. O pecador estava excluído naquela sociedade religiosa; vivia à margem dela. Separar-se de Deus supunha ser excluído da sociedade. E naquela época não era tão difícil ser considerado pecador, porque os homens peritos na religião haviam extraído dos Dez Mandamentos que compõem a Lei de Deus, um total de 613 preceitos para que todos os aspectos da vida de uma pessoa, até os mais insignificantes, ficassem bem legislados. Descumprir um deles significava ser pecador. Nisso o grupo dos fariseus era um modelo, eram estritamente cumpridores da lei, e por isso eram admirados por todos.

Essa lei supunha uma carga pesada para as pessoas. De outro lado, só as pessoas instruídas conheciam todos aqueles 613 mandamentos. A maioria das pessoas simples da cidade desconhecia a lei por não ter acesso à formação, e já de cara eram considerados pelos fariseus como pecadores pelo fato de desconhecerem a lei.

Também eram excluídos aqueles que faziam um trabalho que era considerado pecado. As listas de profissões eram muito grandes. Dentre eles estavam os cobradores de impostos, os pastores, os que emprestam dinheiro etc.

Também eram excluídos, naquela sociedade, para desempenhar qualquer cargo social ou serviço religioso, os que eram filhos ilegítimos (ou descendentes deles) e os que não tinham pureza de sangue, ou seja, se algum antepassado seu tivesse casado com um estrangeiro.

MULHERES

Como se pode imaginar, a mulher estava totalmente marginalizada naquela sociedade religiosa. Era considerada inferior ao homem. Homem e mulher não eram iguais perante Deus, seu acesso ao Templo de Jerusalém era restrito a um determinado lugar, como nas sinagogas. Sempre ocupavam um lugar secundário e separado.

Eram totalmente excluídas da vida pública. O testemunho das mulheres não era válido em juízo. As meninas não podiam ir à escola da sinagoga. Somente os meninos podiam. Quando adultas era impensável e inaudito que um "rabi" (mestre) admitisse as discípulas para transmitir seus ensinamentos. Viviam sob o domínio do marido. Ele poderia repudiá-la e divorciar-se dela por qualquer motivo ou desculpa, por pequeno que fosse, abandonando-a à sua própria sorte.

> **Durante mais de 30 anos, em sua vida oculta, Jesus esteve inserido nesta sociedade, imbuindo-se de tudo o que ali ocorria. E, diante dessa realidade que viveu, tomou partido...**

Os excluídos da casa de Israel, os privados de sua dignidade humana, de sua dignidade de filhos de Deus, os desumanizados... farão parte de sua vida. Para Jesus estes são os pobres, os desfavorecidos e desvalidos.

Precisamente aqueles que são considerados pelos religiosos (saduceus e fariseus) como pecadores, indesejáveis e gentalha que não sabe nada da Lei de Deus.

Os quatro grupos sociais com os quais Jesus se solidarizou

1 POBRES

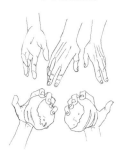

Jesus se fez pobre com os pobres, partilhando com eles o que era e o que tinha. **Inclui-os** em sua mesa.

2 ENFERMOS

Jesus cura os doentes, como sinal da presença do Reino, fazendo com que pudessem voltar a trabalhar e **reintegrar-se** na sociedade.

3 PECADORES

Jesus acolhe e perdoa os pecadores. Liberta-os das leis farisaicas e os **inclui** na comunidade de Deus.

4 MULHERES

Jesus as inclui no seu grupo de discípulos e lhes ensina da mesma forma que para os homens. Devolve-lhes a dignidade que os homens tiraram. São suas fiéis discípulas. As primeiras testemunhas da ressurreição são elas.

Os textos na sequência fazem referência às citações bíblicas onde aparecem os grupos sociais da época de Jesus.

1) O Filho do Homem não tem onde reclinar a cabeça...

1) Jesus nasce pobre...

1) Cristo sendo rico se fez pobre por nós...

1) Foi enviado a evangelizar os pobres...

1)Não leveis ouro nem prata...

2) O leproso da galileia...

2) O surdo-mudo de Decápo...

2) O paralítico da piscina de Betesda...

2) O cego de Jericó...

2) Os dez leprosos...

4) A mulher adúltera...

3) Os fariseus se escandalizam porque Jesus come com os pecadores...

2) Jesus perdoa e cura um paralítico...

3) Jesus entra na casa de Zaqueu...

3) A pecadora unge a Jesus...

4) Mulheres que seguiram Jesus...

4) Jesus ressuscitado aparece pela primeira vez às mulheres...

4) As mulheres estavam junto com Jesus crucificado...

4) Jesus dialoga com a samaritana, superando as barreiras de sua época...

4) Igualdade entre o homem e a mulher...

Dentro desta sacola estão as citações bíblicas que correspondem aos textos anteriores. Para descobrir a que texto pertencem formem grupos de três pessoas. Depois, em 8 minutos e 50 segundos terão que procurar na Bíblia e escrever as citações ao lado do texto correspondente.
Vamos ver qual grupo conseguirá fazer!

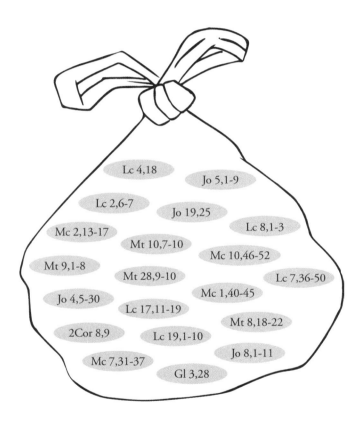

- Jesus se solidarizou com estas pessoas, com estes quatro grupos sociais, para que sua dignidade de filhos de Deus fosse recuperada. Com quais pessoas, com quais grupos sociais Jesus se solidarizaria hoje? Você conhece alguma coisa que os cristãos façam em favor desses grupos sociais?

_____

_____

_____

Para terminar, cada grupo escolherá, das 20 citações anteriores, duas das que mais gostaram, e justificará a sua escolha. Mas para apresentar ao grupo farão da seguinte maneira:

- de cada citação escolherão uma frase curta incompleta.

_____

_____

_____

_____

_____

_____

_____

- Cada grupo lerá em voz alta uma das frases, e os outros grupos terão exatamente um minuto para dizer de qual citação evangélica se trata. Se nenhum grupo consegue adivinhar, o mesmo grupo que apresenta deverá dizer. Farão o mesmo com a segunda citação. Em seguida deverão explicar por que razão escolheram as duas citações.

3 Já!

3.1 Já é a hora do compromisso

No Batismo de Jesus "abriu-se" o céu e desceu sobre Ele o Espírito Santo, e ouviu-se uma voz que dizia: Tu és o meu filho amado, de ti eu me agrado (Mc 1,9-11). No dia do nosso Batismo também desceu sobre nós o Espírito Santo, e Deus disse as mesmas palavras a cada um de nós.
Com a Confirmação completamos nosso Batismo e recebemos plenamente o Espírito Santo que nos faz ser filhos de Deus em plenitude e nos permite dizer a Ele com toda confiança, com o coração "*Abba*, Pai" (Rm 8,15).
O Espírito Santo faz com que tenhamos a consciência de que somos realmente filhos de Deus, de que somos muito valiosos para Ele, e que temos que valorizar e amar a nós mesmos, com tudo de bom que Ele plantou dentro de nós.
Com a Confirmação o Espírito Santo nos dá a força e a capacidade para comportar-nos de acordo para o que fomos chamados: filhos de Deus. O Espírito Santo nos impulsiona a ter uma conduta moral própria e características de quem tem Deus como Pai-Mãe, e que se traduzem e resumem no mandamento do Amor: amar a Deus e ao próximo como a si mesmo (Mt 22,37-40).

Podemos ver essa conduta moral sintetizada no texto litúrgico, que se faz no momento da renovação das promessas batismais. **Essas promessas batismais que agora lerão são as que seus pais fizeram, em nome de vocês, no dia de seu Batismo**.

Agora vocês, usando a razão, conscientes e responsáveis pela sua vida, sendo livres para decidir se querem ser plenamente seguidores de Jesus, como membros da Igreja, terão que assumir como compromisso pessoal de vida cristã, fazendo vocês mesmos as promessas batismais.

Leiam com muita atenção as palavras deste ritual...

RENOVAÇÃO DAS PROMESSAS BATISMAIS

O sacerdote dirige aos fiéis a seguinte introdução – Irmãos: pelo mistério pascal fomos sepultados com Cristo pelo Batismo, para que vivamos uma vida nova. Portanto, renovemos as promessas do santo Batismo; com elas renunciamos a satanás e a suas obras, e prometemos servir fielmente a Deus na santa Igreja Católica.

Sacerdote – Renunciam a satanás, isto é: ao pecado, como negação de Deus, ao mal, como símbolo do pecado no mundo; ao erro como ocultação da verdade; à violência, que contraria a caridade; ao egoísmo, como falta de testemunho do amor?

Todos – Sim, renuncio.

Sacerdote – Renunciam a suas obras, que são: suas invejas e ódios; suas preguiças e indiferenças, suas covardias e complexos; suas tristezas e desconfianças; suas injustiças e favoritismos; seus materialismos e sensualidades; sua falta de fé, de esperança e de caridade?

Todos – Sim, renuncio.

Sacerdote – Renunciam a todas as seduções, como: pensar que são melhores, sentirem-se superiores; estarem muito seguros de si mesmos e certos de que já estão convertidos totalmente, apegados nas coisas, meios, instituições, métodos, regulamentos... e não chegar até Deus?

Todos – Sim, renuncio.

Sacerdote – Credes em Deus, Pai todo-poderoso, criador do céu e da terra?

Todos – Sim, creio.

Sacerdote – Credes em Jesus Cristo, seu único Filho, Nosso Senhor, que nasceu da Virgem Maria, morreu, foi sepultado, ressuscitou dentre os mortos e está sentado à direita do Pai?

Todos – Sim, creio.

Sacerdote – Credes no Espírito Santo, na santa Igreja Católica, na comunhão dos santos, no perdão dos pecados, na ressurreição da carne e na vida eterna?
Todos – Sim, creio.

Sacerdote – Que Deus todo-poderoso, Pai de Nosso Senhor Jesus Cristo, que nos purificou pela água e pelo Espírito Santo e que nos concedeu a remissão dos pecados, nos guarde em sua graça, pelo mesmo Jesus Cristo Nosso Senhor, para a vida eterna.

Todos – Amém.

Escrevam em seu "diário" por que razões querem renunciar o que as promessas batismais propõem e por que acreditam no que elas afirmam. Em seguida partilhem com os outros.

Como filhos de Deus que são, com a ajuda do Espírito Santo que receberão na Confirmação, vocês têm a missão de tornar possível, onde quer que estejam, um lugar onde as pessoas sejam valorizadas e respeitadas pelo que são em si mesmas, tratadas com a dignidade de filhos de Deus.

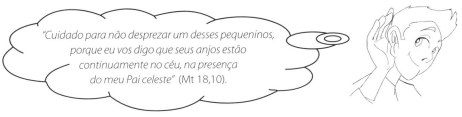

"Cuidado para não desprezar um desses pequeninos, porque eu vos digo que seus anjos estão continuamente no céu, na presença do meu Pai celeste" (Mt 18,10).

Leia com atenção esta história.

Presentes de Deus

Um homem realizou o desejo de visitar o céu por uns instantes. Ficou deslumbrado diante do que seus olhos contemplaram. Nunca havia imaginado que pudesse ser daquela maneira. Os que o guiavam conduziram-no nas dependências interiores da casa de Deus para mostrá-lo tudo. Ao chegar no coração da casa disseram-lhe:

— Agora vamos entrar no quarto onde está o coração de Deus. Nela encontram-se todos os melhores presentes que Deus fez para os seres humanos, mas que foram desprezados e rejeitados.

Ao entrar ali, viu que era tão grande ou maior do que o universo, e que por todas as partes se via pessoas com rostos muito felizes. Porém, por mais que procurasse, não viu nenhum presente. Perguntou aos que o acompanhavam:

— E onde estão os presentes que os seres humanos desprezaram e rejeitaram?

Seus colegas responderam-lhe:

— Aqui estão. Estão diante de você. São cada uma dessas pessoas que seus olhos veem. Para Deus, cada ser humano é um presente muito especial com o qual quis enriquecer a humanidade. Deus quis que cada homem, cada mulher, fosse um presente para os outros. Mas muitas pessoas cheias de si mesmas, ao invés de se abrir e ajudar a descobrir as riquezas que estão no coração dos seres humanos, mantiveram-no fechado e oprimido, afogando com suas injustiças e egoísmos. Mas ninguém pode sufocar a riqueza que há num coração inocente. O que as pessoas desprezam, Deus o adora e volta a Ele como precioso presente.

3.2 A bússola da conduta cristã

> "A vida moral dos cristãos é sustentada pelos dons do Espírito Santo. São disposições permanentes que tornam o homem dócil para seguir os impulsos do mesmo Espírito."
>
> *Catecismo da Igreja Católica*, n. 1.830.

> "Os sete dons do Espírito Santo são: sabedoria, inteligência, conselho, fortaleza, ciência, piedade e temor de Deus. Em plenitude pertencem a Cristo. Completam e levam à perfeição as virtudes daqueles que as recebem. Ajudam aos fiéis a seguir prontamente as inspirações divinas."
>
> *Catecismo da Igreja Católica*, n. 1.831.

Portanto, os dons do Espírito Santo que receberemos na Confirmação são a força de Deus que vem potencializar e fortalecer nossas virtudes, para colocarmos em prática o estilo de viver que Jesus nos propõe no Evangelho.

Mas **o que são as VIRTUDES em nós?**

> "A virtude é uma disposição (uma atitude), habitual e firme, para fazer o bem. Permite à pessoa não só realizar atos bons, mas dar o melhor de si. Com todas as suas forças sensíveis e espirituais, a pessoa virtuosa tende ao bem, persegue-o e escolhe-o na prática."
>
> *Catecismo da Igreja Católica*, n. 1.803.

Segundo a tradição cristã, o ensinamento da Igreja nos diz que temos quatro virtudes cardeais ou fundamentais, em torno das quais se colocam as outras, e que nos ajudam a agir moralmente bem, ou seja, a comportar-nos de tal maneira que nunca percamos a felicidade interior e não provoquemos com nossos atos, infelicidade ou desumanidade, ao nosso redor, mas que façamos ao contrário. Estas quatro virtudes são: **a prudência, a justiça, a fortaleza e a temperança**.

Essas virtudes são como os quatro pontos cardeais de uma bússola, que nos permitirá não perder nossa liberdade de filhos de Deus, e não cair em nenhuma escravidão que provoque infelicidade em nós e naqueles com os quais convivemos, ou nos encontramos a cada dia. Ajudam-nos a viver orientados e comprometidos com a construção do Reino de Deus, que Jesus iniciou e tornou presente com seu estilo de viver.

As demais virtudes se agrupam ao redor das quatro já mencionadas anteriormente. Na bússola representada no anexo 2 (p. 210) estão as que chamamos de virtudes evangélicas (atitudes que estão presentes no Evangelho).

Mas o que fará com que nossa bússola funcione e nos oriente adequadamente são as três virtudes teologais: fé, esperança e caridade. Elas são o "magnetismo", a força que guia e orienta nossa andança pela vida, nosso seguimento de Jesus. Elas marcam em cada circunstância de nossa vida as virtudes que devemos pôr em prática, impregnando-as e contagiando-as de fé, esperança e caridade, para que através delas possamos mostrar como Deus é.

Bússola das virtudes

Para termos consciência de nossa bússola (cf. anexo 2, p. 210), vamos descrever brevemente as três virtudes teologais e as quatro virtudes cardeais, que sem dúvida nos ajudarão sempre em nosso seguimento de Jesus.

> "As virtudes são atitudes firmes que regulam nossos atos, ordenam nossas paixões e guiam nossa conduta segundo a razão e a fé. Essas virtudes se adquirem mediante as forças humanas."
>
> *Catecismo da Igreja Católica*, n. 1.804.
>
> "As quatro virtudes desempenham um papel fundamental. Por isso se chamam cardeais. Todas as outras se agrupam em torno delas. São a prudência, a fortaleza, a temperança e a justiça."
>
> *Catecismo da Igreja Católica*, n. 1.805.

PRUDÊNCIA

Esta virtude é a disposição de nossa mente para saber escolher em qualquer circunstância aquilo que mais nos convém, para o nosso bem e dos que nos rodeiam. Guia as decisões de nossa consciência.

FORTALEZA

Esta virtude nos assegura nas dificuldades a firmeza e a constância na busca do bem. Reafirma-nos na vontade de resistir às tentações e de superar obstáculos que surgem em nosso seguimento de Jesus. Capacita-nos para fazer as maiores renúncias e sacrifícios para defender uma causa justa.

TEMPERANÇA

Esta virtude nos garante o domínio da vontade sobre os instintos e mantém os desejos nos limites da honestidade. A pessoa moderada não se deixa arrastar pelas paixões e vive com moderação no uso dos bens terrestres.

JUSTIÇA

Esta virtude nos leva a ter a firme vontade de agir justamente, de tratar com dignidade e respeito a todo ser humano, respeitando seus direitos, trabalhando para defendê-los onde eles não se cumprem, para que todos possam viver com a dignidade de filhos de Deus.

"As virtudes teologais fundamentam, animam e caracterizam o agir moral do cristão. Impregnam todas as virtudes. São infundidas por Deus na alma dos fiéis para torná-los capazes de agir como filhos seus e merecer a vida eterna. São a garantia da presença e ação do Espírito Santo nas faculdades do ser humano. As virtudes teologais são: a fé, a esperança e a caridade (cf. 1Cor 13,1-13)".

Catecismo da Igreja Católica, n. 1.803.

Essas três virtudes teologais não são algo que possamos alcançar por nós mesmos, mas são um PRESENTE que Deus nos dá, e nós acolhemos livremente.

Cremos em Deus não por termos decidido a partir da nossa própria capacidade de raciocínio, ou porque os outros nos dizem que temos que crer, mas porque Ele saiu ao nosso encontro, provocou uma experiência pessoal e despertou em nós a fé nele, a confiança plena de sua presença em nós.

A fé nos faz viver a vida com esperança. Aconteça o que acontecer, Deus sempre estará conosco estimulando-nos, acompanhando-nos, agindo em nós para que seu projeto sobre nós se torne realidade: nossa realização pessoal e felicidade plena, começando já aqui na terra e culminando na vida eterna além da morte. Esta convicção nos faz viver cheios de esperança, apesar das dificuldades, e nos faz aspirar ao Reino de Deus que Jesus veio iniciar. Por isso nos comprometemos a torná-lo realidade.

Esse encontro de fé com Deus faz com que se derrame em nosso coração o seu amor. E a partir desse momento temos a capacidade de amar como Deus nos ama. Por isso podemos cumprir o mandamento do amor com o qual Jesus resumiu e sintetizou o comportamento moral de seus seguidores: "Amarás a Deus sobre todas as coisas e ao próximo como a ti mesmo".
A caridade, o amor, será o distintivo de todo cristão, e o critério para avaliar seu comportamento moral e sua autenticidade como cristão. Nisso nos reconhecerão como seus discípulos.

Agora, cada um confeccionará **uma bússola seguindo o modelo do anexo 2, p. 210**. O catequista facilitará oferecendo o material necessário (cartolinas, tesouras, régua, canetinhas, tachinhas).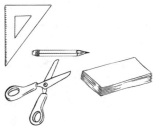

- Recortem uma cartolina redonda como base da bússola onde escreverão as virtudes evangélicas. A seta ou ponteiro, onde escreverão as palavras fé, esperança e caridade, será uma peça de cartolina de outra cor e será móvel graças ao percevejo que colocarão para segurar a cartolina (*por trás poderão colocar um papelão mais grosso ou uma rolha pequena, para que fique bem afixada*). Na extremidade da seta ou do ponteiro será a FÉ que marcará a direção.

> Quando terminarem, tenham consciência de que esta é a bússola que orientou os passos da vida de Jesus e que agora, se quiserem ser seus seguidores, deverão utilizá-la para orientá-los a viver como cristãos. Essa bússola acompanhará vocês durante as próximas oficinas do livro, e poderão após a Confirmação guardá-la em um lugar visível em seu quarto, para tê-la sempre presente em sua vida cotidiana.

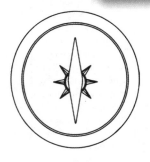

- Agora, um de cada vez, passará diante de todos com a sua bússola. O catequista a pegará, e, sem que ninguém o veja, colocará a seta ou ponteiro sinalizando uma virtude evangélica. Mostrará a bússola somente à pessoa que estiver na vez de apresentar a sua bússola. Esta deverá dizer com mímica de que virtude se trata, para que os outros adivinhem. Depois de adivinharem, juntos e com a orientação do catequista, escreverão em uma folha o que significa essa virtude.

- Quando tiverem definido todas as virtudes evangélicas, colocarão a folha na parede da sala de catequese, para terem sempre presente e recordarem nas próximas oficinas.

Tendo clareza dos elementos que compõem essa bússola e a força que a faz funcionar, podemos ver com mais facilidade como se orienta o agir de um cristão. Assim, podemos ter mais consciência de que na medida em que reine o egoísmo na vida de uma pessoa, também diminuirá a prática dessas virtudes.

Quando deixamos de praticar essas virtudes, e nos deixamos guiar pela bússola do egoísmo que persegue felicidades enganosas, nos afastamos de nós mesmos, do projeto de pessoa ao qual somos chamados para que sejamos felizes de verdade. **Nisso consiste o PECADO. Ficamos feridos pelo egoísmo.**

> "Não é fácil ao homem ferido pelo pecado manter o equilíbrio moral. O dom da salvação de Cristo nos concede a graça necessária para perseverar na conquista das virtudes. Cada um deve sempre pedir esta graça de luz e de fortaleza, recorrer aos sacramentos, cooperar com o Espírito Santo, seguir seus apelos de amar o bem e evitar o mal."
>
> *Catecismo da Igreja Católica*, n. 1.811.

Os **dons do Espírito Santo** que receberemos na Confirmação nos ajudarão a colocar em prática as virtudes. Assim alcançaremos o destino final que nossa bússola procura:

TORNAR PRESENTE COM NOSSO COMPROMISSO, TESTEMUNHO E ESTILO DE VIDA, O REINO DE DEUS, E REALIZAR-NOS PLENAMENTE COMO PESSOAS, COMO FILHOS DE DEUS, QUE MOSTRAM SEU ROSTO AO MUNDO.

Ou seja, a moral cristã é um caminho que percorremos porque nasce do coração, não simplesmente por cumprir uma obrigação ou por temor, pois estamos convencidos de que é a melhor forma de alcançar nossa felicidade plena e contribuir com a dos outros. ***E tudo isso porque nos sentimos AMADOS gratuitamente e incondicionalmente pelo Deus*** Abba.

Qual a opinião de vocês em relação ao que foi exposto sobre viver a moral cristã? O que gostariam de comentar? Qual frase, texto ou ideia fez vocês pensarem? Como resumem o que foi exposto?

_____
_____
_____
_____
_____
_____
_____
_____

- Quando trabalharem o ponto seguinte que fala sobre o dom da sabedoria e do conselho, voltarão aqui para fazerem esta atividade.

📔 Agora farão um exercício que repetirão nas próximas oficinas. Peguem a bússola que fabricaram, e, com ela na mão, repassem todos os conteúdos que trabalharam nos subitens desta segunda oficina. *O Espírito Santo nos dá a dignidade de filhos de Deus.*

📔 Registrem abaixo as virtudes imprescindíveis que teria que praticar para viver como filhos de Deus. Trata-se de distinguir aquelas que estão diretamente relacionadas com os conteúdos desta oficina. Depois explique por que as escolheu. Elas serão a pauta que lhe indicará o caminho a ser seguido como discípulo de Jesus.

Se observarem, as virtudes são como valores cristãos que definem e identificam a vida de um seguidor de Jesus. É aquilo que o cristão realmente dá valor e que move sua vida e seu agir.

3.3 O dom da sabedoria e o dom do conselho para viver meu ser cristão na Igreja de Jesus

Esses dons que o Espírito Santo nos dá de presente nos ajudam a sermos nós mesmos, a conhecermo-nos, a desenvolver tudo de bom que Deus colocou em nós para chegarmos a ser aquilo para o qual fomos criados como filhos de Deus.

Mas esses dons só podem cumprir sua missão em nós se cultivamos, praticamos nossa espiritualidade, ou seja, a oração, momentos de silêncio para encontrarmos com Deus e conosco mesmos, falar de amigo para Amigo... e escutar: a palavra espiritualidade significa deixar-se levar pelo Espírito Santo, por tudo o que Ele sugere e inspira na oração. Os dons do Espírito Santo só crescem, desenvolvem-se e atuam quando se tem uma vida de oração, uma vida espiritual constante. Se fizerem assim, não haverá nada, nem ninguém que possa com você... porque saberá quem vive com você.

O dom da SABEDORIA

É um dom, um presente, que ilumina nossa inteligência, nos faz ter clareza nas ideias, nos faz ver a realidade das coisas, das questões, tal como são. Dá-nos corações e olhos capazes de distinguir a verdade da mentira. Ajuda-nos a desmascarar enganos e falsidades. Ajuda-nos a ser críticos conosco

mesmos e com as situações que nos rodeiam, mas nunca de forma destrutiva, senão construtiva, procurando e almejando sempre caminhos de melhora e crescimento.

Esse dom que o Espírito Santo nos dá em semente cresce em nós pela leitura assídua da Palavra de Deus, mediante a experiência de outros cristãos mais maduros que se tornaram nossos mestres de vida (modelos de vida), e pelos conselhos de nossos orientadores, nossos guias, nossos pastores na fé, que nos orientam para o caminho adequado para nós.

O dom do CONSELHO

É um dom, um presente que nos ilumina e conduz para sabermos escolher bem entre as distintas opções ou alternativas que a vida nos apresenta. Ajuda-nos no momento de escolher para fazermos adequadamente. Inspira-nos ao que se deve fazer, evitar, dizer e calar. É um dom que nos enche de inspiração. Somente a oração constante e de coração pode levar à fé. É na oração que este dom nos ilumina ao que Deus espera de nós.

É também um dom social, comunitário, já que nos une uns aos outros na busca contínua do caminho certo que nos leva a Deus, que nos faz ser mais humanos, mais humanitários. O dom do conselho é um dom vocacional, nos ajuda a discernir qual é nosso caminho na vida, para que fomos feitos, e o que é que podemos fazer com nossa vida para o nosso bem e bem de todos.

Se cultivarmos em nós esses dons da sabedoria e do conselho, que o Espírito Santo nos dá de presente, conseguiremos melhorar o desenvolvimento de nossa personalidade. Agora estamos em uma etapa de nossa vida de crescimento físico e de mudança de desenvolvimento psicológico, intelectual, afetivo e sexual.

Estamos descobrindo o presente da sexualidade que Deus colocou em nós e também que temos de aprender a integrá-la sadiamente em nós como parte constitutiva de nosso ser. É algo bom e positivo. É uma linguagem colocada em nós para expressar o amor do casal e para ser veículo da vida. Essa linguagem requer que o conheçamos, por isso temos direito de receber e exigir uma educação sexual integral que nos ensine esta linguagem do amor, que Deus Amor colocou em nós para que sejamos felizes, porque se o usamos sem amor, com egoísmo, provocaremos muito sofrimento.

Estamos rumo à maturidade humana. Estamos nos formando, e isso às vezes traz crises e lutas internas. Deixamos de ser crianças, porém ainda não somos adultos. Estamos descobrindo nosso lugar, nosso espaço, nosso ser nós mesmos... E isso leva um tempo.

Deixe-se aconselhar por aqueles que você considera pessoas mestres de vida que lhe possam escutar e acompanhar seu processo de amadurecimento humano e de fé, mas sem perder sua liberdade e sem deixar-se manipular. **Tem que começar a ter critério próprio e consciência própria. Deus quer que seja livre e exercite a responsabilidade de ser você mesmo, sendo responsável por seus atos e decisões.**

Questões para o diálogo

1) Por que você acredita que necessitamos do dom da sabedoria?
2) Como está a sua vida espiritual? Você acha isso importante? Por quê?
3) Você sente necessidade de que alguém o escute e o oriente em suas dúvidas, problemas ou inquietudes pessoais?
4) Qual é a sua vocação, aquilo para o qual foi criado? O que você acha que Deus está lhe pedindo?
5) Você recebeu uma educação sexual saudável e positiva? O que você gostaria de saber sobre isso que Deus colocou em nós como algo muito positivo?

3.4 Para a sua celebração dominical

Na celebração do próximo domingo, onde sempre participam como grupo de confirmação, ou individualmente, será o momento de **dar graças** a Deus **por tudo o que Ele está fazendo em você(s). Agradeça por cada um do grupo,** dizendo seus nomes, pedindo a Deus que cada um prepare seu coração para acolher esse dom do Espírito Santo e o cultivar a cada dia. Assim como você está orando por eles, eles também estarão orando por você.

- Peça a Deus que dê a você e seus colegas força e luz para colocar em prática em suas vidas tudo o que trabalharam e descobriram nesta oficina.

Peça perdão na próxima Eucaristia pelos momentos que não corresponde ao que Jesus lhe propõe no Evangelho, ao deixar se levar ou vencer pelo seu egoísmo, que lhe faz fechar-se em si mesmo, isolando-se dos outros e do Deus de Jesus, o *Abba*, **que ama você tal como você é, independente do que você faça.**

E se precisar sentir de coração o abraço e o calor da presença de Deus, que sempre está em você para perdoar-lhe e recompor o que está desordenado em seu interior, recorra ao Sacramento da Reconciliação. Descobrirá que, do mesmo jeito que na Parábola do Filho Pródigo, **Deus já lhe perdoou antes mesmo que você pedisse, e quer ir ao seu encontro para devolver-lhe o que havia perdido: a paz e a alegria de coração.** Assim terá de volta a festa que Deus sempre quis que existisse em seu interior... porque Ele SEMPRE está com você, e tudo o que é dele É SEU.

Lute com todas as suas forças para que **NADA** nem **NINGUÉM** destrua a alegria e a paz que Deus, *Abba*, lhe dá de presente a cada segundo em seu coração. Nunca se deixe manipular, Deus quer você livre.

> Que sua próxima Eucaristia seja realmente uma festa onde celebre que Deus quer enriquecer você com seus dons, para que descubra sua vocação a serviço da Igreja em nosso mundo, para que viva feliz e contagie outros semeando vida ao seu redor. Assim anteciparás, já aqui na terra, a vida eterna prometida para todos.

3.5 Já é o momento de orar juntos

Vamos pedir a Deus neste momento de oração, que nos dê a força do Espírito Santo para que possamos colocar em prática nossos compromissos. Queremos ser cristãos de verdade.

1) Iniciamos a oração fazendo o sinal da cruz.
2) Juntos fazer a oração para invocar o Espírito Santo (anexo 1, p. 209).
3) Um catequizando dirá estas palavras de Jesus:

   "Onde dois ou mais estão reunidos em meu nome, ali estou eu no meio deles".

4) Dois catequizandos colocarão no centro de onde estão reunidos uma imagem de Jesus e uma vela acesa, como símbolo de sua presença.
5) Um outro catequizando lerá uma das citações evangélicas que aparecem nesta oficina, aquela que o grupo escolher.
6) Deixam-se uns 10 minutos de silêncio para que cada um escreva uma carta para Jesus, em seu "diário", dizendo o que descobriu de mais importante nesta oficina. Poderão comentar o momento que mais gostou no grupo, como se sentiu, podendo agradecer ou pedir, ou outra coisa que sinta vontade de dizer.
7) Quem quiser poderá ler, neste momento, o que escreveu em sua carta.

8) Lerão todos juntos a oração: Deus nos "lê", meu filho.

Filho meu que estás na terra,
teu nome para mim é algo sagrado e bendito.
Não estás sozinho e desamparado,
mas sim sempre habitado e cuidado por mim.

Juntos construiremos meu reino de Paz,
Justiça e Amor. Um Reino que tu vais desfrutar
porque és meu herdeiro.

Gosto que faças minha vontade...
Porque minha vontade é que sejas feliz.

Contes sempre comigo e procura-me sem desfalecer,
e terás hoje o pão para teu corpo e a serenidade
para a tua alma. Não te preocupes:
não estás nunca sozinho.
Eu estou contigo.

Somente te peço que saibas partilhar com os irmãos:
com os pobres, com os famintos, com os abatidos...

Saibas que perdoo todas as tuas ofensas,
inclusive antes que as cometas.
Por isso te peço que faças com os que te ofendam
o mesmo que faço contigo.

Para que nunca caias na tentação,
nem desfaleças na dificuldade,
segura forte em minha mão paternal e maternal.
Eu te livrarei do mal e te assistirei na adversidade.
Nunca tenhas medo,
meu querido filho.

9) Como filhos de Deus, vamos rezar juntos a oração que Jesus nos ensinou: Pai nosso...

10) Terminar a oração fazendo a renovação das promessas batismais, seguindo o texto litúrgico que foi visto na oficina 2.

OFICINA 3

Imagine um lugar onde as pessoas sabem partilhar o que têm e o que são, porque se sentem irmãos.

O Espírito Santo nos impulsiona a viver, sendo comunidade fraterna, membros da Igreja

APRESENTAÇÃO

Como vimos na oficina anterior, se todos somos filhos de Deus, do mesmo Pai, Deus, somos chamados a viver, conviver e comportar-nos como irmãos, preocupados uns com os outros, procurando a unidade e a harmonia. Isso é fraternidade, o que acontece com o meu irmão... acontece comigo.

O sonho de Jesus era tornar possível a fraternidade humana, nisso consistia a essência do Reino de Deus, que quis inaugurar, para que seus discípulos de todos os tempos tornassem tudo isso realidade em suas vidas.

Quis tornar possível um lugar onde as pessoas soubessem partilhar o que têm e o que são, porque se sentem irmãos. Um lugar onde pudessem realizar o milagre da partilha fraterna.

Procurar e ler esta citação: Lc 9,10-17.

Se diante de uma necessidade todos estiverem dispostos a partilhar o pouco que têm, sempre acaba sobrando. Quantos problemas do mundo se solucionariam se todos soubessem sentar em grupo e partilhar fraternalmente o pouco ou o muito que se tem para o bem de todos!

▢ Faça uma lista dos problemas que desapareceriam do mundo se todos soubéssemos partilhar de verdade.

Procurar e ler esta citação: Jo 13,34-35.

Nesta citação encontrarão o segredo que torna possível que todos os que querem ser seguidores de Jesus possam viver partilhando como irmãos.

▢ Procure alguma passagem do Evangelho que sirva de exemplo para mostrar como Jesus amava. _____

> Onde as pessoas vivem e partilham, como acontece nestas duas citações de At 2,44-47 e At 4,32-35 (procure-as), faz-se presente o Reino de Deus que Jesus veio inaugurar.

Nós cristãos somos chamados a viver dessa maneira tão fraterna e contagiar a todos onde quer que estejamos. Mas isso só será possível se nos deixarmos levar pelo Espírito Santo. Ele é que nos impulsiona a viver em comunidade, a **formar a Igreja**, a enriquecê-la com nossas qualidades e melhorá-la com nosso compromisso pelo Reino, para tornar possível um mundo melhor. Na celebração dominical tornamos visível essa fraternidade e este compromisso, unidos ao redor da mesma mesa compartilhando o pão e o vinho, o Corpo e o Sangue de Cristo, que nos une como irmãos e nos alimenta para construirmos o Reino.

> "O Espírito Santo constrói e dirige a Igreja [...], enriquecida com os dons do Espírito, guardando fielmente o mandamento do amor, recebe a missão de anunciar e estabelecer em todos os povos o Reino de Deus. Ela constitui o germe e o início do Reino na terra."
> *Catecismo da Igreja Católica*, n. 768.

> Durante esta oficina descobriremos de que maneira podemos deixar que o Espírito Santo atue em nós, para que possamos tornar realidade, onde estivermos e vivermos a cada dia, um lugar onde se possa saborear a **fraternidade humana**. Dessa maneira **tornaremos presente o Reino de Deus já aqui na terra.**

📓 Releia as citações evangélicas, e, dentre elas, escolha uma ou mais frases que gostaria de refletir para não esquecer nunca dela(s). Escreva-as em seu "diário". Essas palavras serão precisamente as que Jesus lhe disse pessoalmente. Por essa razão, escreverá uma simples mensagem de resposta para Ele. Registre também em seu "diário". Poderá partilhar no grupo o que você escreveu.

1 Preparados...

JOGO
O *STRATEGO* DA FRATERNIDADE

Sabemos que há muitas coisas que põem em risco nossa decisão de ser fraternos. Precisamos estar atentos para não nos deixar seduzir pelos inimigos da fraternidade: individualismo, indiferença, egoísmo, agressividade, falta de solidariedade etc. Esses inimigos estão dentro de nós mesmos. Por isso, devemos estar atentos para saber reconhecê-los e não nos deixar levar por eles.

Durante o jogo do *stratego* da fraternidade veremos se podemos vencer os inimigos da fraternidade, sabendo reconhecer e eliminar quando os vemos em nós.

Como jogar

Treinarão fazendo um simulado de luta contra o inimigo da fraternidade. Para isso formarão duplas. Cada duas duplas deverá fazer o tabuleiro e as fichas necessárias para o jogo.

O catequista será quem, por sorteio, unirá estas duas duplas, que deverão fazer seu tabuleiro para jogar entre elas. Farão um tabuleiro similar ao do xadrez desenhando-o com régua sobre um papel ou cartolina.

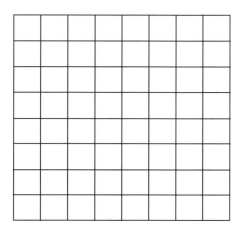

Depois deverão reproduzir as fichas do jogo em uma folha sulfite recortá-las. Dobrarão uma por uma pela metade, para que fiquem de pé no tabuleiro.

Fichas da FRATERNIDADE

Essas fichas representam atitudes, comportamentos ou valores que, quando colocadas em prática, ajudam a construir ao nosso redor um mundo melhor, mais justo, mais fraterno e solidário. Um mundo mais HUMANO. TORNAMOS REALIDADE o Reino de Deus que Jesus anunciava e por ele deu a sua vida.

1 Fraternidade	2 Comprometer-se	2 Comprometer-se
2 Comprometer-se	2 Comprometer-se	3 Paz
4 Acolher	5 Respeitar	5 Perdão
5 Diálogo	6 Partilhar	6 Favorecer a unidade
6 Empatia	6 Autenticidade	7 Ajudar
7 Gratuidade	7 Cooperar	8 Justiça
9 Solidariedade	10 CARIDADE Amor	
ARMADILHA	ARMADILHA	ARMADILHA
ARMADILHA		

Fichas do INDIVIDUALISMO

Estas fichas representam atitudes, comportamentos ou valores que, quando colocados em prática, destroem a fraternidade e fazem com que ao nosso redor se acredite num mundo mais egoísta, injusto e não solidário, um mundo mais DESUMANO.

1	2	2	2	2	3	4	5	5	5
Individualismo	Indiferença	Indiferença	Indiferença	Indiferença	Agressividade	Rejeição	Desrespeito	Não perdoar	Não dialogar

6	6	6	6	7	7	7	8	9	10
Avareza	Provocar divisão	Não empatia	Ter duas caras	Competitividade	Agir por interesse	Insensibilidade	Injustiça	Não ser solidário	EGOÍSMO

		ARMADILHA	ARMADILHA	ARMADILHA	ARMADILHA

Depois que os grupos de duplas terminarem de preparar o tabuleiro e as fichas, o catequista proporá esta atividade prévia para o jogo:
- Colocará em um saco plástico, escritas em papéis soltos, cada uma das 17 palavras que aparecem nas fichas da FRATERNIDADE.
- Um de cada grupo de duplas se levantará e tirará um papel do saco. A partir desse momento terão 1 minutos para procurar, para cada palavra, uma citação bíblica relacionada com ela. (*As citações devem ser diferentes das apresentadas nesta oficina.*)
- Ganharão os grupos de duplas que encontrarem as duas citações correspondentes às suas d palavras sorteadas. Em seguida, cada grupo e nificado de suas palavras sorteadas, bem como tenham encontrado.

Normas e funcionamento do jogo

As duas duplas que fizeram o tabuleiro e as fichas jogarão uma contra a outra. Farão sorteio para saber qual será a equipe da FRATERNIDADE e qual será a equipe do INDIVIDUALISMO na primeira partida. Na segunda partida deverão inverter os papéis.
- Cada equipe colocará suas 24 fichas ocupando as três primeiras fileiras do tabuleiro à sua frente.
- O jogo consistirá em pegar a ficha 1 do adversário (ficha da FRATERNIDADE ou ficha do INDIVIDUALISMO, de acordo com o lado que estiverem). A equipe que conseguir ganhará o jogo.
- Cada equipe deverá proteger ao máximo sua ficha número 1, cercando-a com as fichas de maior numeração e de alguma ficha ARMADILHA. Ficará atento para que seu adversário não desconfie onde esteja para que não vá diretamente nela.
- As fichas somente poderão avançar uma casa de cada vez. Poderão seguir em todas as direções, menos na diagonal. As fichas número 1 e as fichas ARMADILHA não poderão mover-se. Serão fixas. (Se alguém movê-las será eliminado.)
- Como se tiram ou comem as fichas do adversário? Colocando sua ficha na frente da ficha do seu adversário (não poderá fazer de lado) e dizendo-lhe

que a está procurando. Então mostrarão quais são as fichas e ganhará quem tenha maior numeração. Quem ganhar ficará com a ficha do adversário e ocupará a sua casa com a sua ficha, e poderá continuar jogando outra partida. Mas se a ficha de maior numeração é a do adversário, ele ficará com sua ficha, mas não ocupará sua casa porque não foi ele quem a atacou. Ficará onde estava e ele moverá a ficha dele. Se as fichas possuem numeração igual, ganhará quem atacou primeiro.

- As fichas ARMADILHA não podem mover-se, são fixas. Se forem atacadas, podem destruir ou eliminar todas as fichas adversárias que se encontrem com ela. Somente as fichas que tenham a numeração dos pontos poderão desativá-las e eliminá-las.

Resumindo, antes de iniciar o jogo deverão colocar suas fichas com habilidade e estratégia, para proteger a ficha número 1, e para tentar descobrir a ficha número 1 do adversário e ganhar o jogo.

Comentários após o jogo

1) É fácil ou difícil ser fraterno? Por quê?
2) Das fichas da FRATERNIDADE, conte o que ocorreu e como se sentiu quando alguém colocou em prática, com relação a você, alguma palavra das que apareceram.
3) Das fichas do INDIVIDUALISMO, conte o que ocorreu e como se sentiu quando alguém colocou em prática, com relação a você, alguma das palavras que apareceram.
4) Cite três palavras das fichas da FRATERNIDADE que você gostaria de colocar em prática sempre e não gostaria de deixá-las por nada deste mundo. Por quê?
5) Cite três palavras das fichas do INDIVIDUALISMO que você jamais gostaria de colocar em prática em sua vida. Por quê?

2 Prontos...

HISTÓRIA
UMA HISTÓRIA VINDA DO FUTURO

Estamos no ano 5588. Os alunos do Instituto de Educação Avançada Integral decidiram fazer uma saída para formação especial. Hoje visitaram o Museu das Palavras Esquecidas.

É um museu enorme, com grandes edifícios e salas muito espaçosas que parecem não ter fim. Cada uma dessas salas destina-se a uma das muitas palavras esquecidas expostas no museu.

Um guia se encarrega de acompanhar e explicar detalhadamente o conteúdo dessas salas aos alunos do instituto.

A primeira sala o guia explica que é dedicada à palavra Fome. Os alunos desconhecem seu significado, pois há muitos séculos não existe uma pessoa que passe fome em nenhum lugar do planeta. Por esta razão a palavra deixou de ser usada, e por isso são poucos os que sabem seu significado.

O guia explica o que está exposto na sala, o significado da palavra Fome e mostra imagens dos períodos de fome que se sucederam no século XX e XXI, quando milhares de crianças, mulheres, homens e idosos morriam por falta de alimento.

Os alunos ficam perplexos com a explicação. Nunca imaginaram que essas coisas pudessem ter acontecido. Depois disso, vão a uma nova sala dedicada à palavra Pobre. Da mesma forma que antes, os alunos desconhecem totalmente o significado da palavra. É também uma palavra que não se usa mais por não haver pobres no mundo há muitos séculos. O guia explica o significado da palavra e fala dos pobres e da pobreza que se vivia nos tempos antigos, principalmente nos séculos XIX, XX e XXI.

E assim, durante toda a manhã, viram as principais salas do Museu das Palavras Esquecidas.

No final da manhã, quase ao término da visita, quando já tinham visto as salas da Injustiça, Não solidariedade e Guerra, uma jovem do grupo levanta a mão para perguntar ao guia:

– Perdão, senhor, mas se as pessoas dessa época tão antiga eram realmente homo sapiens *(homens inteligentes), por que permitiram que existissem em seu mundo esse tipo de palavras tão horríveis?*
E o guia respondeu:
– Porque a inteligência, quando não é guiada pelo amor e compaixão, pode chegar a cometer grandes maldades. Por isso nós evoluímos e agora somos... homo frater *(pessoas fraternas, pessoas com coração).*

Questões para o diálogo

1) Faça uma lista das palavras que você gostaria que hoje em dia já estivessem no Museu das Palavras Esquecidas.

2) Da lista anterior, quais palavras já foram eliminadas totalmente de sua vida porque não as põe em prática com seu comportamento ou atitudes ou porque está totalmente contra elas?

3) Da lista anterior, sobre quais palavras você realiza ações e compromissos concretos, por pequenos que sejam, a fim de erradicá-las do mundo em que vive?

4) Em que estágio de evolução você acredita que está...? Aproxima-se do *homo frater* ou está mais próximo do *homo sapiens*? Justifique sua resposta.

5) Quais os gestos concretos que poderiam ocorrer no mundo nos próximos 15 anos quanto às decisões dos governos e ao comportamento das pessoas, para que seja possível realizar, a longo prazo, o que conta a história vinda do futuro?

6) Acrescente mais duas frases sobre o significado de ser fraterno:
   - *Ser fraterno é compartilhar o que tenho e o que sou com o outro quando está necessitado, porque pertencemos à mesma família, a humana.*
   - *Ser fraterno é sentir na própria carne o sofrimento do outro, porque pertencemos à mesma família, a humana.*
   - *Ser fraterno é acolher, tratar e escutar a todos como iguais, sem fazer distinções, porque pertencemos à mesma família, a humana.*
   - *Ser fraterno é relacionar-se com os outros de tal maneira que eles se sintam bem, respeitados, apreciados, porque pertencemos à mesma família, a humana.*

> – *Ser fraterno é viver comprometido com qualquer causa que torne mais digna e feliz a vida de todo ser humano, porque pertencemos à mesma família, a humana.*
>
> – *Definitivamente, ser fraterno é fazer ao outro o que nós gostaríamos que nos fizessem se estivéssemos em seu lugar, porque somos da mesma família, a humana, porque somos irmãos, filhos de um mesmo Deus (Pai-Mãe de todos).*
>
> – _____
> _____
> – _____
> _____

ATIVIDADE

DICIONÁRIO DE PALAVRAS VIVAS

No Museu das Palavras Esquecidas estão as palavras que deixaram de existir porque outras palavras começaram a VIVER através da maioria das pessoas. Palavras como Solidariedade, Compromisso, Igualdade, Paz, Unidade, Fraternidade, Generosidade, Bondade, Gratuidade, Diálogo, Acolhida, Partilha, Proximidade etc.

Atualmente, da mesma forma que antigamente, têm muitas pessoas que já assumiram essas palavras, vivenciam-nas e colocam em prática em seu dia a dia. É o melhor indicador de que o *homo frater* já está atuando em nossa história.

Algumas dessas pessoas são reconhecidas publicamente pela ação que realizam, mas a maioria assume e vive essas palavras de forma simples e, onde quer que estejam, sem fazer barulho, sem aparecer nos meios de comunicação, contribuindo para mudar este mundo, ajudando, acompanhando, acolhendo, amando as pessoas necessitadas de alguém com um coração de irmão.

Para começar a confeccionar nosso dicionário
Um exemplo de palavras vivas reconhecidas por todos poderia ser este:

SOLIDARIEDADE: Vicente Ferrer
Profundo homem de Deus, que dedicou toda a sua vida para ajudar os pobres e deserdados da Índia a saírem da miséria social e econômica. Oferece-nos alguns pensamentos, extraídos de sua experiência, que foram motor de sua ação:

"A pobreza e o sofrimento que vejo, a cada dia ao meu lado, não são para que eu os entenda, mas que os resolva, de acordo com as minhas possibilidades".

"A Verdade não posso encontrá-la em nenhum lugar; somente posso encontrá-la e vê-la no copo de água dado ao sedento, no pedaço de pão partilhado ao outro, na palavra de esperança para um desesperado... Aí está a verdade, aí entre nós".

"Diante da pergunta: Para que estamos neste mundo?, a resposta mais simples que encontro é a de que estamos aqui para solucionar os sofrimentos, as injustiças, as guerras... Esse é o sentido de nossas vidas! Dar ajuda, dar esperança, dar carinho, dar amor... O verdadeiro sentido da vida é este!"

Na região de Andhra Pradesh, a mais pobre da Índia, milhares de pessoas, durante mais de trinta anos, desde 1969, reconquistaram sua dignidade humana graças à obra iniciada por Vicente Ferrer e seu exército de colaboradores, aos quais soube contagiar com seu estilo de vida baseado no que ele chama de: "a boa ação".

COMPROMISSO: Pedro Casaldáliga

Missionário espanhol no Brasil, foi nomeado bispo de São Félix do Araguaia (na região do Rio Amazonas), uma região em que a natureza criou um paraíso de incrível beleza. Mas sem dúvida o homem havia criado ali mesmo um inferno desumano. Ali viviam muitos camponeses e índios sem terra para cultivar, sem dinheiro, sem cultura, sem condições sanitárias, sem justiça e sem ninguém que os defendessem frente aos grandes latifundiários e poderosos da região.

Contemplando essa dolorosa realidade, Pedro Casaldáliga descobriu que de nada serve a paciência perante as feridas e problemas crônicos do Terceiro Mundo. Era preciso agir. Então se dedicou a escrever, criticar, denunciar e também formar grupos de pessoas que o ajudassem a melhorar as condições de vida dos camponeses e índios da região.

Sua opinião e compromisso pelos pobres e desfavorecidos levou-o a viver na mais absoluta pobreza, como a maioria da população de São Félix. Quis viver do mesmo jeito e ser como um deles.

E aconteceu o que acontece quando alguém não se cala frente às injustiças e não se conforma em somente ajudar o pobre, mas luta para acabar com as causas que provocam sua pobreza. Os latifundiários e poderosos da região deram preço à sua cabeça e tentaram matá-lo por mais de uma vez, e não conseguiram.

Sua única força para seguir em frente sempre foi o Evangelho de Jesus de Nazaré, que o impulsionou com firmeza e determinação para trabalhar em favor dos pobres e excluídos, a fim de libertá-los da opressão e da injustiça. Sua força espiritual está aqui: algo que transmite e contagia onde está, a cada segundo, fazendo-o um homem de Deus.

Pedro Casaldáliga é um homem que, como muitos outros, entregou sua vida para que outros tenham VIDA. A vida que Deus quer para todo ser humano que vem neste mundo.

ENTREGA: Maggui Barankitse

Num ambiente de enfrentamento e violência entre duas etnias rivais: os hutus e os tutsi, brilha a figura de uma mulher a quem chamam de o anjo de Burundi. É Maggui Barankitse, pertencente a uma família rica de fazendeiros tutsi, da etnia dominante na Ruanda (África).

Em 1993 se viu envolvida numa matança quando tentou proteger um grupo de hutus que eram perseguidos pela milícia tutsi que pretendiam assassiná-los. Escondeu-os no edifício onde estava o bispado da cidade de Ruiki e tratou de convencer aos tutsi para que desistissem de suas intenções. Mas não a ouviram, espancaram-na, tiraram sua roupa e deixaram-na jogada no chão. Jogaram gasolina no edifício e colocaram fogo. Asfixiados pela fumaça, os hutus começaram a sair, e conforme saíam eram mortos.

Aquela matança que Maggui Barankitse presenciou mudou seu destino. A partir daquele momento dedicou sua vida aos mais fracos dentre as vítimas de tanta dor e miséria. Começou recolhendo as crianças órfãs que haviam perdido seus pais na matança de tutsis contra hutus e as respectivas vinganças (morreram um milhão de pessoas). Sob seu amparo começaram a viver juntas as crianças hutus e tutsis.

Dedicou-se também às crianças abandonadas nos numerosos campos de refugiados. E finalmente dedicou-se também às crianças doentes, aos desnutridos, aos deficientes físicos e mentais, aos doentes de malária, aos doentes de Aids, que são os mais numerosos, e infelizmente estão condenados à morte porque as empresas farmacêuticas não cedem os medicamentos que permitiriam frear o desenvolvimento desta terrível doença.

Com a venda de suas principais propriedades e com ajudas internacionais, especialmente da Cáritas, pôde se encarregar de mais de 5.000 crianças (hutus e tutsis) em todo o país, e construir 82 casas, com suas respectivas hortas, para os órfãos que já estavam adultos e agora formavam novas famílias mescladas etnicamente e adotando seus companheiros menores.

Vários prêmios com prestígio mundial reconhecem sua ação humanitária. A única força de Maggi é o amor que dedica constantemente em seu trabalho de acolher e reintegrar as crianças desamparadas, e seu empenho em lutar contra o racismo e as injustiças. Perante tudo isso ela afirma que se não tivesse encontrado uma força sobrenatural teria ficado deprimida, ou teria se revoltado ou ficado louca, mas a cada manhã via que os olhos de suas crianças continuavam brilhando de esperança.

Confessa que todas as tardes se sentia muito cansada, porque cuidar de mais de 5.000 crianças, pensar em seu futuro e seu presente, lutando contra a injustiça social, é um trabalho árduo. Porém sabe que, pela presença constante das 72 crianças que já morreram em seus braços, e porque acredita em Deus, um dia a Verdade e o Amor triunfarão. Esta é a sua luta e está firmemente convencida de que o mal nunca dirá a última palavra.

CARIDADE: **Teresa de Calcutá**

Teresa fundou em Calcutá a Congregação das Missionárias da Caridade, destinada a atender os mais pobres dentre os pobres: crianças e idosos abandonados, leprosos, enfermos, moribundos, marginalizados... Ou seja, todos aqueles que eram discriminados e não eram queridos por ninguém.

Logo, as Missionárias de Teresa de Calcutá se expandiram pelo mundo para atender os pobres e fazê-los se sentirem queridos. O mundo admirou a grande ação que estava realizando, e, em 1979, concedeu-lhe o Prêmio Nobel da Paz.

Teresa costumava dizer o seguinte: "A pior das enfermidades hoje em dia não é a lepra nem a tuberculose (ou o câncer ou a Aids), mas o sentimento de não ser querido por ninguém, de não ser amado, de sentir-se abandonado por todos. O maior pecado é a ausência do amor, é a terrível indiferença ao próximo, que nas calçadas das ruas tornam-se vítimas da fome, da corrupção, da mendicância e das doenças".

Teresa de Calcutá dedicou sua vida e todos os seus esforços em partilhar com os mais necessitados o amor que Deus colocou em seu coração. Um amor que foi capaz de vestir o nu, dar alimento ao faminto, curar os enfermos, aliviar ao moribundo, socorrer ao desvalido... Teresa dizia de si mesma: "Sou um pequeno lápis na mão de um Deus que escreve e envia uma carta de amor ao mundo".

> Completem juntos esse dicionário e coloquem o nome das personagens que tem um reconhecimento público, por sua ação humanitária e compromisso social, associando-lhes a alguma palavra que mais se destaque em cada uma delas (*Podem repetir as palavras do dicionário*).

Para completar o Dicionário das Palavras Vivas

Propomos que cada um escreva o nome daquelas pessoas que conhece, que são próximas e que, de acordo com o seu parecer, encarnam com suas próprias vidas tais palavras, que contribuem para tornar o lugar em que elas vivem mais humano, mais fraterno, mais agradável, mais justo, mais acolhedor.

- Cada um fará sua lista de pessoas associando-as a uma ou várias palavras que as destacam, e, em seguida, quem quiser poderá partilhar o que escreveu, sobre o testemunho dessas vidas que são tão importantes.

3

Já!

3.1 Já é a hora do compromisso

O Espírito Santo é a força de Deus que nos impulsiona a recriar, colocar em prática em nossas vidas, a conduta histórica de Jesus: ser fraternos e formar comunidade fraterna.

- **Com a CONFIRMAÇÃO**, o Espírito Santo lhe dá essa missão: SER CRIATIVO E CONTAGIAR A FRATERNIDADE.
Quando o Espírito Santo desce sobre os homens e mulheres cria COMUNIDADE FRATERNA, nasce a Igreja, uma comunidade de pessoas que faz o mesmo que Jesus, graças à força que Ele dá através do seu Espírito.

- **Com a CONFIRMAÇÃO**, você é chamado a ser parte plenamente da Igreja e ajudar a melhorá-la e enriquecê-la com seus dons, qualidades e capacidades pessoais. É chamado a ser "palavra viva" para tornar realidade o Reino dos Céus aqui na terra.

Leia com atenção esta história

A Igreja mais bela

Numa noite Deus disse, através de um sonho, a um homem que o buscava com grande interesse e empenho:

– Na Igreja mais bela e formosa que os homens construíram neste mundo, você me encontrará. Lá espero você.

No dia seguinte, aquele homem, cheio de emoção, iniciou seu caminho na busca daquela Igreja. Recorreu às catedrais mais deslumbrantes do mundo. Foi aos maiores e belos templos. Entrou nas basílicas mais formosas e recorreu às igrejas mais famosas. Porém não encontrou Deus. Procurou-o nas capelas mais refinadas e visitou as melhores ermidas decoradas. Mas nem rastro de Deus.

Talvez não tenha entendido bem a mensagem e não soube ver Deus onde realmente estava. O desânimo tomou conta daquele homem. Qual seria a Igreja mais bela e formosa na terra?

Na mesma noite voltou a ter um sonho onde Deus falou novamente:

– Procurou-me entre pedras mortas e eu estou sempre entre as pedras vivas... A Igreja mais bela e formosa onde espero por você é aquela feita de pessoas que vivem em comunhão umas com as outras, fazendo com que os últimos deste mundo sejam os primeiros, sendo todos servidores de todos, comprometidos na construção de um mundo mais justo e fraterno.

Graças a estas indicações, na manhã seguinte aquele homem pôde se encontrar com Deus na Igreja mais bela e formosa que as mulheres e os homens podem construir neste mundo.

O que podemos fazer concretamente, como grupo de confirmação, para que alguém, vendo como vivemos e nos comportamos, possa dizer: *Olha que Igreja mais bela!*
Quais as coisas concretas que podemos fazer, por pequenas que pareçam, para que em nosso grupo as pessoas saibam partilhar o que têm e o que são, porque se sentem irmãos tal como em At 4,32-35.

Para responder a estas perguntas, farão juntos da seguinte forma:

- Recortem uma corrente humana comprida de bonecos, unindo com durex três ou quatro folhas.

- Escrevam dentro das figuras todas as ideias, ações, comportamentos, atitudes, compromissos, detalhes e/ou propostas que surgirem. Escrevam tudo, até as coisas que parecem pequenas e insignificantes (porque às vezes essas são as mais importantes nas relações humanas).

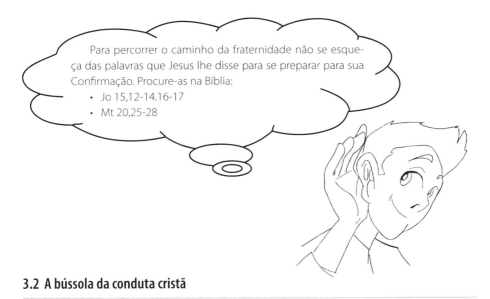

3.2 A bússola da conduta cristã

Peguem a bússola que vocês confeccionaram na segunda oficina (cf. anexo 2, p. 210), e, com ela na mão, repassem todos os conteúdos que trabalharam nesta terceira oficina. *O Espírito Santo nos impulsiona a viver sendo comunidade fraterna, membros da Igreja.*

Das virtudes evangélicas que aparecem nesta bússola, anotem aquelas imprescindíveis para formar uma comunidade fraterna. Trata-se de selecionar as que estão diretamente relacionadas com os conteúdos desta oficina. Em seguida explique por que escolheram tais virtudes. Elas serão a pauta que lhe indicará o caminho a seguir como discípulo de Jesus, na hora de contribuir para construir a fraternidade no grupo humano onde você se encontra.

3.3 O dom do entendimento para viver meu ser cristão na Igreja de Jesus

Este dom que o Espírito Santo nos dá de presente está relacionado com a fé. Ele nos ajuda e empurra para confiarmos mais em Deus, para nos sentirmos seus filhos, e ao mesmo tempo provoca a necessidade de nos unir àqueles que vivem a mesma fé, àqueles que confiam completamente em Deus porque também o sentem como Pai-Mãe em suas vidas.

Através desse dom entendemos a partir do coração, e não da inteligência nem do raciocínio, que a fé é antes de tudo CONFIANÇA PLENA naquele com quem nos encontramos. É apoiar-se nas palavras de Jesus e encontrar nelas o apoio para a nossa vida.

Graças à fé, à CONFIANÇA em Deus, nos sentimos chamados a reunirmos e formarmos comunidade fraterna para comunicar, celebrar, partilhar e ajudar mutuamente. A fé nos faz ser Igreja, ser comunidade de pessoas que encontraram pessoalmente Jesus e descobriram nele o sentido e o caminho da felicidade para suas vidas e para mudar este mundo para melhor.

Esse dom nos faz compreender que, em meio às luzes e sombras, contradições e acertos da Igreja, está presente o Senhor Jesus. E é essa presença que nos faz estar unidos, formando comunidade fraterna para tornar possível um mundo melhor.

Questões para o diálogo

1) Por que você acredita que necessitamos do dom do entendimento?
2) O que é a fé para você? É algo intelectual ou é também algo afetivo? É acreditar em algo ou acreditar em alguém? Explique:
3) Como você vive sua pertença na comunidade de Jesus, na Igreja? Sente-a como algo necessário em sua vida, como um lugar onde você alimenta sua fé? O que você encontra na comunidade de cristãos à qual pertence?

3.4 Para a sua celebração dominical

Na celebração do próximo domingo, onde sempre participam como grupo de confirmação, ou individualmente, será o momento de **dar graças** a Deus **por tudo o que Ele está fazendo em você(s)**. *Agradeça por cada um do grupo,* dizendo seus nomes, pedindo a Deus que cada um prepare seu coração para acolher esse dom do Espírito Santo e o cultivar a cada dia. Assim como você está orando por eles, eles também estarão orando por você.

- Peça a Deus que dê a você e seus colegas força e luz para colocar em prática em suas vidas tudo o que trabalharam e descobriram nesta oficina.

Peça perdão na próxima Eucaristia pelos momentos que você não corresponde ao que Jesus lhe propõe no Evangelho, ao deixar-se levar ou vencer pelo seu egoísmo, que lhe faz fechar-se em si mesmo, isolando-se dos outros e do Deus de Jesus, o *Abba*, que **ama você tal como você é, independente do que você faça.**

E se precisar sentir de coração o abraço e o calor da presença de Deus, que sempre está em você para perdoar-lhe e recompor o que está desordenado em seu interior, recorra ao Sacramento da Reconciliação. Irá descobrir que, do mesmo jeito que na Parábola do Filho Pródigo, *Deus já lhe perdoou antes mesmo que você pedisse, e quer ir ao seu encontro para devolver-lhe o que havia perdido: a paz e a alegria de coração.* Assim terá de volta a festa que Deus sempre quis que existisse em seu interior... porque ele **SEMPRE** está com você, e tudo o que é dele **É SEU**.

Lute com todas as suas forças para que **NADA** nem **NINGUÉM** destrua a alegria e a paz que Deus, *Abba*, lhe dá de presente a cada segundo em seu coração. Nunca se deixe manipular, Deus quer você livre.

Que sua próxima Eucaristia seja realmente uma festa onde celebre que Deus quer enriquecer você com seus dons, para que descubra sua vocação a serviço da Igreja em nosso mundo, para que viva feliz e contagie outros semeando vida ao seu redor. Assim antecipará, já aqui na terra, a vida eterna prometida para todos.

3.5 Já é o momento de orar juntos

Vamos pedir a Deus, neste momento de oração, que nos dê a força do Espírito Santo para que possamos colocar em prática nossos compromissos. Queremos ser cristãos de verdade.

1) Iniciamos a oração fazendo o sinal da cruz.

2) Juntos fazer a oração para invocar o Espírito Santo (anexo 1, p. 209).

3) Um catequizando dirá as palavras de Jesus: *"Onde dois ou mais estão reunidos em meu nome, ali estou eu no meio deles".*

4) Dois catequizandos colocarão no centro de onde estão reunidos uma imagem de Jesus e uma vela acesa, como símbolo de sua presença entre vocês.

5) Um outro catequizando lerá uma das citações evangélicas que aparecem nesta oficina, aquela que o grupo escolher.

6) Deixam-se uns 10 minutos de silêncio para que cada um escreva uma carta para Jesus, em seu "diário", dizendo o que descobriu de mais importante nesta oficina. Poderão comentar o momento que mais gostou no grupo, como se sentiu, podendo agradecer ou pedir, ou outra coisa que sinta vontade de dizer.

7) Quem quiser poderá ler, neste momento, o que escreveu em sua carta.

8) Lerão todos juntos esta oração:

Tu disseste, Senhor Jesus,
que nos amássemos uns aos outros.
Disseste o mandamento principal: o do AMOR.
Amor a Deus e ao próximo, nosso irmão.

Deixaste-nos como sinal de nossa autenticidade
o viver a serviço da comunidade,
onde o maior se faz o menor, o servidor de todos.

Tua lei é romper as fronteiras que nos dividem,
é ser próximo e terno, acolhida e amor.

Para o coração despedaçado pela angústia e ansiedade,
o desamparo e a solidão, a pobreza e a marginalização.
Quero aprender a amar sem medida, como Tu amas.
Quero entrar dentro de mim e encontrar-te sempre ali.
Quero descobrir meu coração habitado pelo teu Espírito.

Quero dar-te graças pelas maravilhas que fazes em minha vida.
Senhor Jesus, quero colocar em prática teu novo mandamento: o mandamento de amar sem cessar, ser como um farol aceso no meio de meus irmãos,
E assim iluminar os caminhos do Reino com meu agir e existir.

Quero ser pessoa de oração para embeber-me de ti.

Quero alimentar-me cada dia de tua Palavra.

Aqui estou, Jesus.
Pede-me que em minha vida eu seja gratuidade, entrega, serviço.
Dai-me, Senhor Jesus,
um coração aceso e comprometido,
para fazer presente o teu Reino
com o novo mandamento.

9) De mãos dadas para se sentirem irmãos, rezarão juntos a oração do Pai-nosso que Jesus ensinou aos seus discípulos.

OFICINA 4

Imagine um lugar onde todos sentem na própria carne o sofrimento e as lágrimas de seus irmãos.

O Espírito Santo desperta em nós um coração
sensível e solidário

APRESENTAÇÃO

Dos evangelhos se deduz que os sofrimentos dos pobres, oprimidos, marginalizados e desvalidos causava um profundo efeito em Jesus. O mais íntimo de seu ser, as suas entranhas mais profundas se comoviam perante a dor humana. Não ficava indiferente. Uma **COMPAIXÃO** ilimitada seria sua resposta.

Compaixão que significa ***deixar se comover pelo sofrimento do outro; torná-lo nosso e iniciar com ele um caminho de libertação***. Esta é a melhor definição que Jesus nos deixou sobre o que é a autêntica compaixão. Não revelou-a com palavras, mas com suas obras, com sua maneira de reagir perante o sofrimento e a dor humana.

Jesus quis contagiar aos seus discípulos isso que Ele tinha tão à flor da pele. Porque essa sensibilidade e esse compromisso com todo aquele que sofre é a condição indispensável para construir o Reino de Deus, e Jesus necessita com urgência de corações e mãos dispostas para torná-lo possível.

Procurem estas citações que demonstram como Jesus se relacionava perante a necessidade e sofrimento humano.

- Em seguida questionar-se: *Como reajo frente à necessidade e sofrimento de quem está ao meu lado? Quando foi a última vez que fiquei comovido pelo sofrimento de alguém? Quando foi a última vez que meu sofrimento, problema ou necessidade comoveu alguém que se aproximou de mim para atender-me, acompanhar-me, escutar-me?*

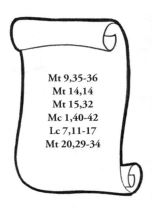

Mt 9,35-36
Mt 14,14
Mt 15,32
Mc 1,40-42
Lc 7,11-17
Mt 20,29-34

Vendo como Jesus sente e age, podemos saber como sente e age Deus. Assim sendo, você, que se prepara para receber o Sacramento da Confirmação, é convidado a... (*Procure Lc 6,36*). E São Paulo lhe diz desta maneira... (*Procure Cl 3,12*).

Deus bendiz aos que ajudam os pobres. Declara como felizes e bem-aventurados os que praticam a misericórdia, a autêntica compaixão cristã (Mt 5,7). Isso é tão fundamental na vida de um cristão, que Jesus Cristo reconhecerá os seus seguidores pela maneira que se comportarem com os pobres.

Procure e comente esta importante citação: Mt 25,31-36.

- Você tem consciência de que Deus escolheu você para ser e agir assim?
- Quais desafios pessoais tudo isso lhe traz? Você está disposto a assumi-los com a ajuda e a força do Espírito Santo?

"Sob suas múltiplas formas (extrema privação material, opressão injusta, enfermidades físicas e psíquicas e, por fim, a morte), a miséria humana é o sinal manifesto da condição natural da fraqueza em que o homem se encontra após o primeiro pecado e da necessidade de uma salvação. É por isso que ela atrai a compaixão de Cristo Salvador, que quis assumi-la sobre si, identificando-se com os mais pequeninos entre seus irmãos."

"É também por isso que todos aqueles que ela atinge são objeto de um amor preferencial por parte da Igreja que, desde as suas origens, apesar das falhas de muitos de seus membros, não deixou nunca de se esforçar por aliviá-los, defendê-los e libertá-los. Ela o faz através de inúmeras obras de beneficência, que continuam a ser, sempre e por toda parte, indispensáveis."
Catecismo da Igreja Católica, n. 2.448.

"Jesus faz com que seus discípulos participem de seu ministério de COMPAIXÃO..."
Catecismo da Igreja Católica, n. 1.506.

No decorrer desta oficina descobriremos de que maneira podemos deixar que o Espírito Santo atue em nós, de tal forma que nos faça ter os mesmos sentimentos e sensibilidade que Jesus tinha com os pobres e necessitados. **Desta forma podemos tornar possível esse lugar onde todos sentem na própria carne o sofrimento e as lágrimas de seus irmãos.**

Releia as citações evangélicas, e, dentre elas, escolha uma ou mais frases que gostaria de refletir para não esquecer-se dela(s). Escreva-as em seu "diário". Essas palavras serão precisamente as que Jesus lhe disse pessoalmente. Por essa razão, escreverá uma simples mensagem de resposta para Ele. Registre também em seu "diário". Poderá partilhar no grupo o que você escreveu.

101

1 Preparados...

JOGO
DESCOBRINDO CÁRITAS

A Igreja, como comunidade de pessoas que encontraram em Jesus a salvação de suas vidas e a maneira de encontrar a plena felicidade, tem três tarefas essenciais e irrenunciáveis para colocar em prática onde vivem: anunciar a Palavra de Deus (**catequese**), celebrar os sacramentos e organizar o serviço da caridade (**Cáritas**). Em nenhuma paróquia pode faltar estas três tarefas (*Encíclica Deus Caritas Est, 22 e 25*).

Considerando o assunto que estamos abordando nesta oficina, vamos ver o que é **Cáritas**.

Cáritas é uma organização solidária da Igreja, mediante a qual todos os cristãos das comunidades paroquiais realizam seu compromisso de ajudar aos mais pobres e desfavorecidos da sociedade. Assim, em todas as paróquias deve existir um grupo de pessoas encarregadas e enviadas pela comunidade para organizar e colocar em prática a ajuda e o compromisso de toda a comunidade cristã a favor dos pobres e necessitados do bairro onde está a paróquia. Esse grupo é chamado de **Cáritas**.

Cáritas se dedica a assistir, acompanhar e reintegrar à sociedade as pessoas que são vítimas da pobreza, da marginalização, da injustiça e das desigualdades sociais. Pretende ajudá-los a reconquistar sua dignidade, acompanha-os dia a dia, fazendo seus os problemas e necessidades deles. Trata de capacitá-los para que por si mesmos possam sair da pobreza e da marginalização, desenvolvendo o máximo de suas capacidades pessoais.

A tarefa da Cáritas é possível graças ao comprometimento de muitas pessoas: voluntários, colaboradores, técnicos, pessoas que dão gratuitamente seu tempo, seu conhecimento, seus recursos econômicos, seu afeto... para partilhá-los com aqueles que mais necessitam.

Desta maneira, a Igreja, a comunidade paroquial, é fiel seguidora de Jesus, porque, do mesmo jeito que Ele, torna presente o Reino de Deus, não somente com palavras, mas com as obras do Reino.

Agora o seu catequista irá explicar e expor o que a Cáritas faz em sua paróquia e quais os projetos que existem da Cáritas diocesana. Caso seja possível, podem convidar uma pessoa (ou várias) do grupo da Cáritas paroquial para falar de sua experiência pessoal: como vivem, por que o fazem, quais necessidades têm, quais pessoas atendem e acompanham etc.

Também seria muito bom que, se possível, visitassem a sede da sua Cáritas diocesana para que expliquem detalhadamente o que fazem ou um de seus membros realizar uma palestra. Ainda, podem entrar em seu site na internet ou visitar alguns de seus projetos que estão funcionando.

- • Toda a informação que reunirem deverá servir para preencher cada item da ficha abaixo, que farão em uma folha.

	Nome do diretor ou diretora	Números de pessoas voluntárias	Quais as problemáticas ou necessidades atendem	Atividades ou programas em andamento	Orçamento anual
Cáritas da minha paróquia					
Cáritas diocesana					

Depois de preencherem a ficha, e de tudo o que escutaram das pessoas da Cáritas, o que gostariam de comentar? O que mais chama a atenção de vocês? O que não sabiam? Quais questionamentos surgem? Considerando tudo o que viram sobre a Cáritas, que reflexões surgem?

Ao concluir, poderão fazer a seguinte dinâmica sobre a Cáritas.

A loja onde se vende DE TUDO

No mundo atual há muitas pessoas que sofrem necessidades e carências de todo tipo. Vivem na pobreza e na exclusão. Imaginem que agora vocês entram na loja que vende de tudo, procurando algo que possa servir para solucionar as várias pobrezas que existem em nossa sociedade.

Pedirão ao vendedor que, de todas as ONGs que existem, mostre tudo o que tenha sobre Cáritas, pois querem conhecê-la melhor.

Então o vendedor levará vocês em uma parte da loja onde estão as estantes da gratuidade que contêm todos os produtos das ONGs. De todas elas, leva vocês às estantes com os produtos da marca CÁRITAS. São todos os produtos que expressam, com diferentes detalhes, o que faz a Cáritas, qual a sua essência e razão de existir.

Apresenta uma cesta e diz que podem escolher os dez produtos que mais gostarem quanto ao que a Cáritas é e faz para tornar possível um mundo melhor.

- Após montar a cesta, formarão grupos de três a cinco pessoas, e colocarão em comum os produtos que escolheram. No final cada grupo elegerá seis produtos dos escolhidos para **definir a partir deles o que é a Cáritas**, qual é a sua essência. Depois colocarão tudo em comum.
- Depois disso, o vendedor dirá para vocês olharem novamente nas estantes da gratuidade, onde estão os produtos da Cáritas, e pedirá que, ao invés de lerem as etiquetas "Cáritas é...," leiam: **"eu sou..."** ou **"eu gostaria de ser..."** Lendo as etiquetas desta maneira, deverão escolher os seis objetos que cada um de vocês gostaria de chegar a ser na vida, ou tornar realidade em seu estilo de viver. Com eles encherão sua "Cesta da GRATUIDADE" (podem acrescentar um ou dois novos objetos descrevendo seu simbolismo). Partilhem no grupo os objetos que escolheram.

PRATELEIRAS DA GRATUIDADE

Seção Cáritas

Produtos que a definem (sirva-se você mesmo).

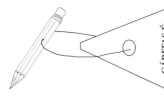

CÁRITAS É **1) Um lápis...** para escrever histórias de vidas que estavam rompidas, perdidas, jogadas, e agora voltaram à vida para tornarem-se testemunhas de esperança.

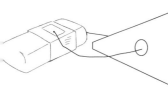

CÁRITAS É **2) Uma borracha...** para apagar as injustiças, as pobrezas, a marginalização que há em nossa sociedade.

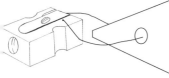

CÁRITAS É **3) Um apontador...** para ajudar a revelar o melhor das pessoas que vivem em exclusão ou em necessidade. Ajudá-los a recuperar sua autoestima e suas capacidades para seguirem adiante com autonomia.

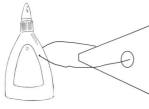

CÁRITAS É **4) Cola...** para recompor o que se rompeu dentro das pessoas por culpa ou marginalização, da pobreza, do desprezo, do viver em ambientes carentes, em famílias desestruturadas...

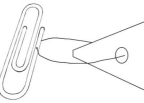

CÁRITAS É **5) Um clipe...** para que as pessoas que sofrem necessidade ou qualquer problemática sintam-se unidas, acompanhadas pelas pessoas da Cáritas. Para que não se sintam sozinhas, mas sim assistidas.

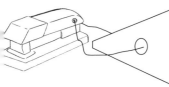

CÁRITAS É **6) Um grampeador...** para reintegrar na sociedade, na comunidade, as pessoas excluídas, as pessoas que vivem à margem, dando-lhes possibilidade de um trabalho e um grupo humano que os acolha.

7) Um isqueiro... para acender corações apagados, para dar esperança ao que vive na escuridão e não vê saída para o seu problema.

8) Uma vela... para criar um clima de intimidade e confiança onde os corações que sofrem possam se abrir e desafogar sua dor.

9) Um lenço de papel... para enxugar as lágrimas dos que sofrem, para consolar o que está enfrentando dificuldades, para que sintam que sua dor tem importância para alguém.

10) Uma chave... para abrir as portas que se encontram fechadas para os pobres e necessitados, os últimos e desamparados de nossa sociedade.

11) Uma colher... para alimentar física, psicológica e espiritualmente ao que não tem nada, para facilitar todos os recursos, permitindo que viva com dignidade.

12) A cruz... do Ressuscitado, para dar vida onde outros dão morte, seguindo Jesus em sua opção pelos pobres.

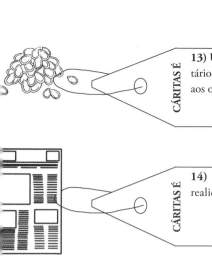

13) Umas sementes... de esperança, de um punhado de voluntários, membros da comunidade cristã que querem se entregar aos outros em nome da comunidade, e produzir bons frutos.

14) Um pedaço de jornal... para ficar informado sobre a realidade, sendo crítico com a leitura para apontar a verdade.

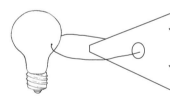

15) Uma tesoura... para cortar as injustiças, para cortar os nós que mantêm muitas pessoas na pobreza e na marginalização.

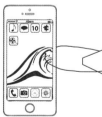

16) Uma lâmpada... para iluminar tantas realidades de pobreza que querem ocultar ou inviabilizar na sociedade do bem-estar, para que nenhuma pobreza ou carência passe despercebida nem caia no esquecimento.

17) Um celular... para ser sempre localizado e estar disponível diante de qualquer necessidade, urgência ou problema que possa surgir com você ou com alguém. Viver sempre a serviço.

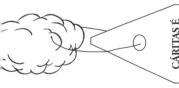

18) Um algodão... para tratar com delicadeza, respeito, e cuidado as pessoas que vão aos serviços de acolhida para contar seus problemas, suas necessidades, suas agonias, suas angústias, suas cruzes...

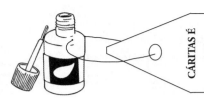
19) Um corretivo... para eliminar as causas que provocam numa pessoa a exclusão, a pobreza ou marginalização.

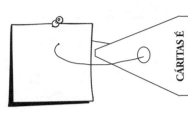
20) Um lembrete... para recordar a comunidade cristã, e a sociedade, o dever que tem de ser solidária, criando propostas para que possam viver comprometidos com os mais desfavorecidos, segundo suas possibilidades.

21) Um saquinho de açúcar... para dar energia com urgência a quem desfalece por causa das suas necessidades. São os recursos materiais que se dão para suprir essas necessidades básicas (alimento, roupa, aluguel, conta de luz, água...) ou o apoio moral que se oferece com a escuta, a acolhida, estar próximo para enfrentar a situação de angústia e apuro que se vive.

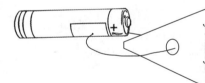
22) Uma pilha... para ter uma energia interna que dê força em todo momento para seguir adiante e não desanimar diante dos problemas e dificuldades que surgem nos trabalhos cotidianos. Essa energia é a presença de Deus revigorada na oração.

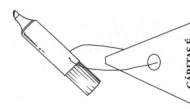
23) Um marcador de texto... para sublinhar os nomes das pessoas que são acompanhadas e atendidas. Elas são as mais importantes. Seus nomes ficam gravados no coração... Fazem parte da história de vida de quem as acompanha na Cáritas.

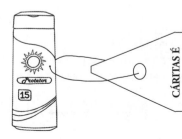
24) Um protetor solar... para proteger e prevenir dos possíveis perigos que mulheres, crianças, enfermos ou idosos possam ter por viverem em famílias carentes ou problemáticas, ou por estarem desamparados.

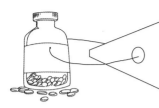

CÁRITAS É
25) Um medicamento... contra a falta de humanidade. Direto ao coração, para aquecer a fraternidade e apoio comunitário aos que sofrem a frieza da marginalização, da pobreza ou injustiça. Seu componente ativo é o Amor em maiúscula vivido na comunidade cristã.

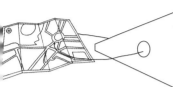

CÁRITAS É
26) Um mapa... para que os que se encontram perdidos nesta sociedade encontrem os caminhos que conduzem à integração e reinserção em todos os âmbitos.

CÁRITAS É
27) Um pacote de sal... contém o sal do voluntariado, que, com sua entrega e dedicação, faz com que os mais desfavorecidos possam saborear e gostar do belo que é viver.

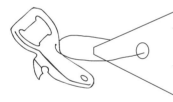

CÁRITAS É
28) Um abridor de lata... para ajudar a conhecer a si mesmo e às pessoas que atende e acompanha. Ajudá-los a tirar o melhor de seu interior. Para iniciar processos de crescimento e maturidade pessoal que permita que recuperem a autoestima perdida e acreditem em si mesmas, colocando em prática suas capacidades e qualidades ocultas.

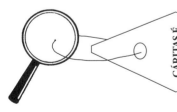

CÁRITAS É
29) Uma lupa... para denunciar as injustiças que observa na sociedade e em suas estruturas, e também para ser crítica consigo mesma.

CÁRITAS É
30) Um microfone... para dá-lo aos que não têm voz nem são considerados nesta sociedade, para que se escute sua voz, suas preces, suas reivindicações, suas propostas.

CÁRITAS É

31) Uma lista telefônica... Cáritas trabalha em rede com outras entidades, organizações e serviços sociais, e utiliza os recursos que estão disponíveis nesta rede social para atender as diversas necessidades e problemas.

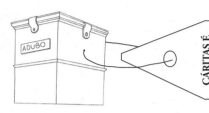

CÁRITAS É

32) Adubo... para com sua ação solidária preparar a terra desta sociedade, e os corações das pessoas, para que nasça uma nova sociedade mais justa, fraterna e solidária

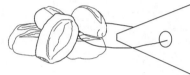

CÁRITAS É

33) Um pão... para partilhar. Não temos ouro nem prata, damos o que temos, o que somos. A comunidade cristã partilha seus bens materiais e humanos para atender aos que sofrem com a pobreza, material ou espiritual, onde vivem.

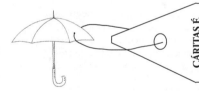

CÁRITAS É

34) Um guarda-chuva... para oferecer proteção, lares, espaços em grupos ou comunitários de encontro, de convivência, onde as pessoas que viviam na exclusão ou marginalização se sintam em família, protegidas, acolhidas, inseridas, para que possam crescer como pessoas, recuperar-se e inserir-se novamente.

CÁRITAS É

35) Uma Bíblia... para viver e encarnar cada dia a Palavra de Deus que nos leva à ação.

2   Prontos...

HISTÓRIA
A HISTÓRIA DE JOÃO (FATO REAL)

João era um estudante do Ensino Médio e seus pais tiveram que mudá-lo de colégio várias vezes pelos mesmos motivos: não era bem-tratado pelos colegas de classe (gozação, insultos, falta de companheirismo). A causa de tudo isso era sua deficiência física que o impedia de andar com normalidade.

Em suas pernas havia alguns ferros ortopédicos para fortalecê-las e poder andar. Se não se esforçasse para andar, os músculos de suas pernas se atrofiariam. Porém, estava tão complexado pelo tratamento que recebia das pessoas, que não queria caminhar. Como sempre, todos zombavam dele quando o viam andar com aqueles ferros daquele jeito. Por isso foi ao seu novo colégio de Valência, em cadeiras de rodas, levado por seu pai.

Seus novos colegas de classe observavam como todas as manhãs o pai de João levava-o em sua cadeira de rodas até a sua carteira da classe. Durante as primeiras semanas ele estava na defensiva, e distante de seus novos colegas. Não deixava que ninguém o ajudasse com sua cadeira de rodas, somente o seu pai. Mas com o passar do tempo sentiu que seus colegas de classe o tratavam bem, com respeito... Com eles se sentia como membro do grupo.

Começou a ter seus primeiros amigos, e a deixar que o ajudassem com sua cadeira de rodas. Seu pai deixou de subir até a classe empurrando a sua cadeira, pois agora eram seus amigos e colegas que todos os dias esperavam por ele na porta do colégio e o levavam até a classe.

Depois de quatro meses João decidiu deixar a cadeira de rodas. Com a ajuda de muletas, e acompanhado por seus amigos, entrava com seus próprios pés na classe.

No final do ano João não precisava mais das muletas, caminhava sozinho. A amizade e o apoio de seus colegas tornaram real o que parecia impossível.

Questões para o diálogo

1) Qual a sua opinião sobre o tratamento recebido por João nos colégios anteriores? Por que você acha que ocorrem essas coisas?

2) O que diferenciava ou caracterizava os colegas do Colégio de Valência dos colegas que João teve nos colégios anteriores? Cite pelo menos cinco características:

3) O que é a empatia? Quais são os principais inimigos da empatia? Como está a sua empatia?

4) Uma vez, o cientista Albert Einstein disse a seguinte frase: *"Vivemos em um mundo muito perigoso. Não pela quantidade de pessoas que cometem injustiças e maldades para os outros, mas pela imensa multidão de pessoas que não fazem nada para evitar a maldade e vive virando a cara para outro lado".* Você concorda com ele? Por quê? Como isso pode ser aplicado na história de João?

5) Leia com atenção esta frase escrita por um homem cheio de Deus:

> *"A questão para saber se alguém conhece ou não a Deus está no que cada um faz ou deixa de fazer para que quem esteja próximo sofra menos ou sinta-se mais feliz na vida."* Qual sua opinião sobre ela? Podemos utilizá-la como medidor para ver em que medida somos autênticos seguidores de Jesus?

6) Procure rapidamente esta citação: Lc 10,25-37. Leia essa história com muita atenção, pois ela foi deixada por Jesus para que soubéssemos o que significa ser cristãos autênticos, cristãos de verdade. O que Jesus quer dizer com esta parábola para nós cristãos hoje?

Toda a nossa religiosidade pessoal, todas as nossas práticas religiosas, somente servirão para algo, somente serão cristãs, se nos ajudarem a ser cada dia mais sensíveis para detectar e dar resposta de justiça ao sofrimento e à dor humana que há ao nosso redor, e assim construir a fraternidade humana (o Reino de Deus).

Do contrário não servirão para nada. Não estaremos servindo ao Deus verdadeiro, ao Deus de Jesus. Somente servirão para tranquilizar nossa consciência.

Jesus nos previne quanto à falsa religiosidade representada no sacerdote e levita (representantes da religião oficial de Israel). E escandalosamente coloca como modelo um samaritano.

Os samaritanos eram profundamente odiados e depreciados pelos judeus. Eram considerados hereges, pecadores, distantes de Deus. E precisamente o samaritano, com suas atitudes, demonstra que está mais próximo de Deus do que os homens da "religião". Esse é o estilo de vida que Jesus veio "despertar e contagiar" a seus seguidores.

Além disso, com a figura do samaritano, Jesus também está nos dizendo algo muito importante: o que deve existir dentro de quem se entrega na construção de um mundo mais humano, justo e fraterno...

RADIOGRAFIA DO BOM SAMARITANO

1) Tem os olhos abertos para a realidade em que vive.
2) É sensível à dor humana (*o comove e afeta*).
3) Está próximo de quem sofre.
4) Alivia ou cura o sofrimento humano, de acordo com suas possibilidades.
5) Suas qualidades, capacidades e bens estão a serviço dos outros.
6) Seu tempo está sempre disponível para servir (*sem limites*).
7) Preocupa-se no cuidado de quem necessita.
8) Recorre a outras pessoas para que também o ajudem.
9) Não é omisso, mas acompanha a quem precisa de socorro... porque se importa

Formem grupos de três pessoas e pensem como poderia ser a Parábola do Bom Samaritano, trazendo para a nossa realidade atual. Escrever a Parábola do Bom Samaritano moderno. Depois cada grupo partilha sua história, como se fosse uma notícia de imprensa, de rádio, de televisão ou da internet.

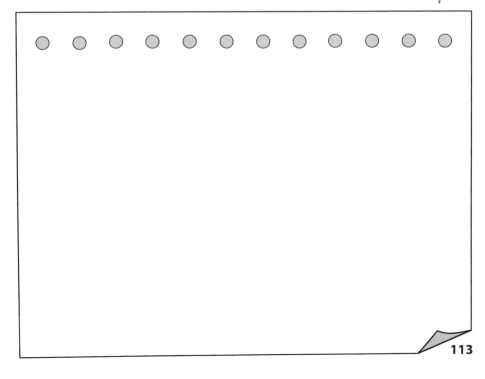

ATIVIDADE

MEU CURRÍCULO

Imagine que você encontra este anúncio:

Eclesalia, uma importante empresa multinacional estabelecida em todo o mundo, **necessita urgentemente de pessoa** disposta a construir um mundo novo mais humano, onde reine a justiça, a paz, a solidariedade e a fraternidade.

Requisitos

1) É necessário ter, pelo menos, um dos seguintes títulos emitidos pela Escola da Vida. *Os candidatos deverão indicar onde conseguiram esse título e onde fizeram seu estágio. Se tiverem outros títulos, além dos que seguem abaixo, poderão indicá-los.*
   - Licenciatura em atitude no Serviço.
   - Mestrado no Compromisso.
   - Engenheiro técnico em Acolhida.
   - Doutorado em Empatia.
   - Curso de Pós-graduação na Capacidade de Escuta.
   - Licenciado em Disponibilidade e Entrega Gratuita.
   - Técnico e especialista em Animar.
   - ...

2) É requisito dominar algum dos seguintes idiomas. *Os candidatos deverão indicar o nível do idioma que dominam. Se dominar outro idioma poderá indicá-lo.*
   - Idioma do Coração.
   - Idioma da Esperança (o dialeto do Otimismo).
   - Idioma da Confiança.
   - Idioma da Amizade.

3) Serão valorizadas as seguintes qualidades pessoais no candidato:
   - Ambição utópica.
   - Capacidade de trabalho em equipe.
   - Espírito de superação.
   - Metas que quer alcançar e valores que o motivam a viver.

114

4) Experiência profissional no campo da caridade. O candidato deverá indicar brevemente alguma experiência concreta acerca do que colocou em prática quanto à autêntica compaixão cristã.

O que se oferece:
- Incorporação imediata.
- Benefícios mensais de 100%: há mais alegria em dar do que em receber.
- Possibilidade de ascender até o cargo mais alto de acordo com a entrega e o espírito de serviço.
- Possibilidade de trabalhar na própria casa.
- Condições de gratuidade imperdíveis.
- Seguro de vida de qualidade, a prova de qualquer depressão.
- Formação contínua sob responsabilidade da prestigiosa Escola da Experiência.

Os interessados deverão apresentar o currículo onde exista uma filial da *Eclesalia*. Abstenham-se os curiosos.

☐ Se você quer ser um candidato a esta vaga, em uma folha de papel sulfite elabore seu currículo respondendo todos os itens que aparecem descritos, podendo acrescentar o que você acha conveniente para que tenha mais possibilidade de ser selecionado para este trabalho. A criatividade será valorizada na hora de aportar os dados.

☐ Em seguida partilhe no grupo. E, para terminar, responda: Você está satisfeito com o seu currículo? No que poderia melhorar?

3 Já!

3.1 Já é a hora do compromisso

O Espírito Santo é a força de Deus que nos impulsiona a criar, a colocar em prática em nossas vidas, a conduta histórica de Jesus: CO-MOVER-SE diante do sofrimento do outro, torná-lo nosso e descobrir junto com ele um caminho de libertação. Isto é colocar em prática a autêntica compaixão cristã.

Com a Confirmação, o Espírito Santo lhe encarrega desta missão: "Sede compassivo como também vosso Pai celestial é compassivo" (Lc 6,36). Na liturgia de Pentecostes se invoca o Espírito Santo da seguinte forma: "Vem, Pai dos pobres". Já na história bíblica Deus se apresenta como "defensor dos pobres" e Jesus de Nazaré, como ungido pelo Espírito para evangelizar os pobres. A compaixão, o consolo e a luta para libertar os pobres, doentes e oprimidos é um SINTOMA que demonstra numa pessoa que o Espírito Santo habita nela.

Com a Confirmação, impulsionado pelo Espírito de Deus, fará sua, na sua vida, a opção pelos pobres, pelos desfavorecidos, a opção feita pela Igreja. Este é um sinal que demonstra que somos cristãos autênticos, que a Igreja é autêntica seguidora de Jesus.

Leia com atenção esta história

O mendigo mais pobre

Na época de Natal um milionário quis fazer uma boa ação, e pensou em dar de presente para o mendigo mais pobre da cidade uma viagem com todos os gastos pagos em algum lugar do mundo que ele escolhesse.

Depois que seus encarregados pesquisaram e selecionaram a viagem, deram de presente ao mendigo mais pobre da cidade. Era um idoso de aspecto afável, com o cabelo grisalho e o olhar esperto e profundo. Seu único bem na vida era o que tinha dentro de uma pequena bolsa de mão.

Então o milionário, com expressão solene e voz paternal, disse que escolhesse o lugar do mundo que sonhava visitar, pois esse era o presente de Natal que ele daria.

*O mendigo, pensativo, olhou para o chão por alguns instantes e disse respeitosa-
mente:*
*— Agradeço seu gesto, mas não tem dinheiro suficiente para me levar no lugar deste
mundo em que eu gostaria de ir.*
O milionário, surpreso, soltou uma pequena gargalhada, dizendo:
*— Pelo dinheiro não se preocupe. Tenho tanto que você poderia passar o resto da
sua vida viajando pelo mundo, sem parar.*
*Mas o mendigo insistiu que não teria dinheiro suficiente para levá-lo no lugar
do mundo em que ele desejava ir. O milionário, já um pouco irritado e muito
intrigado, perguntou que lugar era esse. E o mendigo respondeu:*
*— O lugar deste mundo onde eu desejaria ir é dentro do coração de alguém que
me ame.*

Ideias para reflexão

Amar ao próximo como a si mesmo implica fazer aos outros o que nós gosta-
ríamos que fizessem a nós. E ninguém gosta de ser amado apenas por obrigação,
por pena ou para obter algum benefício. Gostamos que olhem para nós por nós
mesmos, pelo que somos, porque somos pessoas importantes.

Por essa razão, exercem uma falsa caridade aqueles que utilizam do necessitado
para se sentirem bem, acreditar que são bons, tranquilizar suas consciências ou ganhar
o céu. Exercem uma falsa caridade aqueles que dão o que sobra fazendo o necessitado
se sentir inferior. É falsa a caridade que não tem, como objetivo principal, ajudar a
pessoa necessitada a deixar de ser necessitada, pois, com sua ajuda ou retalhos, o que
faz é condená-la a ser simplesmente uma pessoa necessitada e dependente.

A autêntica caridade é realizada pela pessoa que se envolve com o necessitado
e inicia com ele um caminho de cura e libertação, ou também colabora em as-
sociações ou projetos humanitários que visam a recuperação e dignidade do ser
humano. E isso somente ocorre quando o sofrimento do necessitado penetra no
interior do coração da pessoa, comovendo-a e levando-a à ação.

Todos somos capazes de praticar a autêntica caridade. Não é necessário ter dinheiro, nem ter grandes qualidades ou dotes humanos. Basta ter
um coração capaz de amar, sensível ao sofrimento humano e disposto a
entregar-se.

Maior do que qualquer ajuda material ou econômica (que poderá dar quem
quiser), o que o pobre necessita, o marginalizado, o excluído, é ser tratado como

pessoa, ser ouvido, ser acolhido, ser compreendido em sua necessidade, ser querido como pessoa e não ser usado, humilhado ou desvalorizado. O mundo precisa
de pessoas que pratiquem a autêntica caridade, a que não custa dinheiro e está ao
alcance de todos, a que Jesus de Nazaré nos ensinou a colocar em prática.

*Para recorrer a este caminho da prática da autêntica caridade-compaixão cristã
não se esqueça das palavras que Jesus dirá pessoalmente para você se preparar para sua
Confirmação.*

Procurar e ler a citação: Mt 25,31-40.

Agora, depois de tudo o que viram, vivenciaram e refletiram juntos nesta oficina, pensem qual compromisso solidário, como grupo de confirmação, podem
assumir juntos numa ação que beneficie outras pessoas que necessitem.

Façam agora uma chuva de ideias de coisas possíveis que possam fazer como
grupo, para colocar em prática sua solidariedade. Para iniciar vejam o que se
propõe e acrescentem outras possibilidades. Depois decidam qual assumirão
para levar em frente.

- Apoiar um projeto da Cáritas e descobrir de que forma poderão arrecadar
  fundos para colaborar nas necessidades do projeto. *Fazer uma feira solidária, uma rifa, confeccionar algum produto artesanal e vendê-lo, passar um
  filme com bate-papo onde se paga a entrada solidária, ou um concurso de* play-
  -backs *cobrando a entrada solidária e aproveitando para explicar e difundir o
  que se faz no projeto da Cáritas, qual destino terá o dinheiro. Podem também
  doar dinheiro de suas mesadas ou qualquer outra ideia que surja...*

Depois de decidirem e planejarem o compromisso assumido pelo grupo, propõe-se que façam também um compromisso pessoal.

3.2 A bússola da conduta cristã

Peguem a bússola que vocês confeccionaram na segunda oficina (anexo 2, p. 210), e, com ela na mão, repassem todos os conteúdos que trabalharam nesta quarta oficina. *O Espírito Santo desperta em nós um coração humilde e solidário.*

Das virtudes evangélicas que aparecem nesta bússola, anotem aquelas imprescindíveis para serem solidários. Trata-se de selecionar as que estão diretamente relacionadas com os conteúdos desta oficina. Em seguida explique por que escolheram tais virtudes. Elas serão a pauta que lhe indicará o caminho a seguir como discípulo de Jesus, na hora de contribuir para construir um mundo mais justo e solidário, reflexo do Reino de Deus.

_____

_____

_____

_____

_____

_____

3.3 O dom da ciência para viver meu ser cristão na Igreja de Jesus

Este dom que o Espírito Santo nos dá de presente tornará possível que estejamos atentos e sensíveis para perceber o sofrimento humano que existe em nosso redor, e agir de acordo com tudo o que foi proposto nesta oficina. Tudo isso é um dom que nos faz descobrir a Deus na vida e no mundo que nos rodeia. Ele se faz presente de muitas maneiras, especialmente nos excluídos e esquecidos, nas pessoas pobres e abatidas, nos marginalizados e desvalorizados.

Não vemos a Deus, mas podemos VER SUAS MARCAS em tudo e em todos, no que acontece e no que nos rodeia. É o que chamam de "sinais dos tempos", e é neles onde Deus nos indica o caminho a seguir...

> Graças a esse dom evitamos cair nas ideologias enganosas (consumismo exagerado, capitalismo neoliberal, busca do próprio interesse e comodismo acima de tudo) que, na prática, não buscam o bem integral de todo ser humano, mas o bem material de poucos.
>
> O dom da ciência nos faz ser sensíveis às necessidades das pessoas que nos rodeiam, sobretudo dos mais pobres e esquecidos. Leva-nos a realizar ou colaborar em ações solidárias que buscam transformar essa realidade de sofrimento, de injustiça, tentando acabar com as causas que as provocam e faz com que uns tenham muito e outros vivam sem o mínimo necessário.

> Este dom também ajuda a descobrir a beleza e a grandeza do conhecimento do ser humano, a gostar do estudo, da reflexão, da beleza, da arte etc.

Porém, esse dom somente poderá cumprir sua missão em nós se cultivamos, praticamos nossa espiritualidade, ou seja, a oração, momentos de silêncio para encontrarmos com Deus e conosco mesmos, falar de amigo para Amigo... e escutar. A palavra espiritualidade significa deixar-se levar pelo Espírito Santo, pelo que sugere e inspira a oração. Os dons do Espírito Santo somente crescem, desenvolvem-se e agem quando se tem uma vida de oração, uma vida espiritual constante. Se assim fizerem, não haverá nada, nem ninguém que possa com você... porque saberá quem está com você.

Questões para o diálogo

1) Por que você acredita que necessitamos do dom da ciência?
2) Onde podemos encontrar Deus? Somente nos lugares "sagrados...?" Façam juntos uma lista das "marcas de Deus" no nosso mundo.
3) Qual a importância das necessidades do próximo em sua vida?
4) Por que é importante estudar e saber? Só para trabalhar e ganhar dinheiro?

3.4 Para a sua celebração dominical

Na celebração do próximo domingo, onde sempre participam como grupo de confirmação, ou individualmente, será o momento de **dar graças** a Deus **por tudo o que Ele está fazendo em você(s). Agradeça por cada um do grupo**, dizendo seus nomes, peça a Deus que cada um prepare seu coração para acolher esse dom do Espírito Santo e o cultivar a cada dia. Assim como você está orando por eles, eles também estarão orando por você.

• Peça a Deus que dê a você e seus colegas força e luz para colocar em prática em suas vidas tudo o que trabalharam e descobriram nesta oficina.

> Peça perdão na próxima Eucaristia pelos momentos que você não corresponde ao que Jesus lhe propõe no Evangelho ao deixar se levar ou vencer pelo seu egoísmo, que lhe faz fechar-se em si mesmo, isolando-se dos outros e do Deus de Jesus, o *Abba*, que **ama você tal como você é, independente do que você faça.**
>
> E se precisar sentir de coração o abraço e o calor da presença de Deus, que sempre está em você para perdoar-lhe e recompor o que está desordenado em seu interior, recorra ao Sacramento da Reconciliação. Irá descobrir que, do mesmo jeito que na Parábola do Filho Pródigo, ***Deus já lhe perdoou antes mesmo que você pedisse, e quer ir ao seu encontro para devolver-lhe o que havia perdido: a paz e a alegria de coração.*** Assim terá de volta a festa que Deus sempre quis que existisse em seu interior... porque ele SEMPRE está com você e tudo o que é dele É SEU.

Lute com todas as suas forças para que **NADA** nem **NINGUÉM** destrua a alegria e a paz que Deus, *Abba*, lhe dá de presente a cada segundo em seu coração. Nunca se deixe manipular, Deus quer você livre.

> Que sua próxima Eucaristia seja realmente uma festa onde celebre que Deus quer enriquecer você com seus dons, para que descubra sua vocação a serviço da Igreja em nosso mundo, para que viva feliz e contagie outros semeando vida ao seu redor. Assim antecipará já aqui na terra a vida eterna prometida para todos

3.5 Já é o momento de orar juntos

Vamos pedir a Deus, neste momento de oração, que nos dê a força do Espírito Santo para que possamos colocar em prática nossos compromissos. Queremos ser cristãos de verdade.

1) Iniciamos a oração fazendo o sinal da cruz.
2) Juntos fazer a oração para invocar o Espírito Santo (anexo 1, p. 209).
3) Um catequizando dirá estas palavras de Jesus: *"Onde dois ou mais estão reunidos em meu nome, ali estou eu no meio deles".*
4) Dois catequizandos colocarão no centro de onde estão reunidos uma imagem de Jesus e uma vela acesa, como símbolo de sua presença.

5) Um outro catequizando lerá uma das citações evangélicas que aparecem nesta oficina, aquela que o grupo escolher.

6) Deixam-se uns minutos de silêncio, de 9 a 10 minutos, para que cada um escreva uma carta para Jesus, em seu "diário", dizendo o que descobriu de mais importante nesta oficina. Poderão comentar o momento que mais gostou no grupo, como se sentiu, podendo agradecer ou pedir, ou outra coisa que sinta vontade de dizer.

7) Quem quiser poderá ler, neste momento, o que escreveu em sua carta.

8) Lerão todos juntos a oração:

Faz de mim, Senhor, uma pessoa sensível
perante qualquer problema humano.
Faz de mim, Senhor, uma pessoa
que sempre caminha com os olhos abertos.
Desperta-me para que não passe batido
o sofrimento de qualquer dos meus irmãos.
Faz de mim, Senhor, uma pessoa de coração.

Faz de mim, Senhor, uma pessoa tão evangélica
e seguidora de Jesus, que se estremeça
perante a dor e as lágrimas dos que choram,
perante os sonhos de quem sonha novos caminhos.

Faz de mim, Senhor, um perito em humanidade,
comprometido com os pobres, os excluídos,
os esquecidos, os sem nada, os desamparados,
como fizeste com as pessoas de seu tempo.

Faz de mim, Senhor, uma pessoa de verdade
em meio a tanta mentira;

uma pessoa livre
em meio das modernas escravidões.

Faz de mim, Senhor, uma pessoa de bondade
em meio aos que semeiam maldade;
uma pessoa humana
em meio dos que desumanizam;
uma pessoa de vida
em meio a tanta morte.

Faz de mim, Senhor, uma pessoa da Boa-
-nova.
Que seja possível um mundo novo,
pelo menos ao meu redor, o mais próximo
de mim.
Faz de mim, Senhor, uma pessoa plena de
teu Espírito,
que torne presente o Reino.

9) De mãos dadas, para se sentirem irmãos, rezarão juntos a oração do Pai-nosso que Jesus ensinou aos seus discípulos.

OFICINA 5

Imagine um lugar onde uma pessoa sente que alguém a escuta de coração, e pode falar com confiança.

O Espírito Santo nos faz ser pessoas
de diálogo

APRESENTAÇÃO

Jesus é a Palavra de Deus feita carne e osso, que se fez vida humana (Jo 1,14). Jesus é pura comunicação de Deus aos seres humanos. *"Este é o meu Filho amado, de quem eu me agrado, escutai-o"* (Mt 17,5).

Jesus é alguém que vem **falar no coração** das pessoas com que se encontra e sabe **escutar também a partir do coração**, sem preconceitos, sem barreiras, com empatia. Suas palavras têm tanta força e tanto poder porque saem do coração. E quando as palavras saem do coração, do mais autêntico de alguém... **produzem efeitos admiráveis.**

Por esta razão, as palavras de Jesus são **libertadoras, pacificadoras, fortalecedoras, iluminadoras...** Assim devem ser também nossas palavras. Jesus quis que seus seguidores também falassem e escutassem assim, **de coração**, a partir de nossa autenticidade, sem falsidade alguma. Porque somente assim semearemos ao nosso redor, com quem estivermos, **palavras de vida**, plantaremos o **Reino de Deus.**

Jesus era um homem de encontro, de diálogo profundo. Ele falava do que estava dentro dele.

Procure estas citações: Jo 4,4-30; 3,1-8.

Depois de lê-las com atenção observando o conteúdo destes diálogos, formem grupos de duas ou três pessoas. Terão que imaginar como poderia ser hoje em dia um diálogo de Jesus com alguma pessoa de nosso tempo.

- O que essa pessoa diria a Jesus hoje?
- Como falaria?
- O que Jesus responderia?
- Quais as palavras nascidas do coração Jesus pronunciaria?

Escreva essa cena:

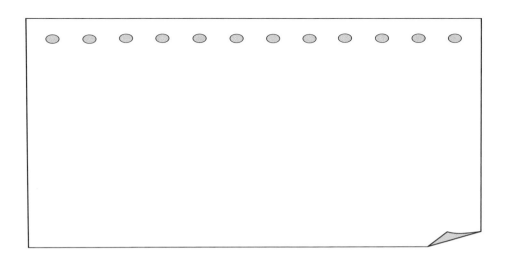

Em qualquer diálogo é fundamental a escuta. Quando escutamos de verdade, estamos abertos ao que o outro diz. Podemos nos enriquecer com suas ideias e mudar, inclusive, nossa opinião.

Procure esta citação: Mt 15,21-28, e verá como Jesus fez mudar de ideia uma mulher judia.

As palavras dessa mulher demonstram o que existe em seu coração, e isso não passa despercebido para Jesus. É no diálogo verdadeiro que se escuta e se fala a partir do coração, e se encontra com facilidade os caminhos a serem seguidos e as soluções para os problemas que possam surgir.

Recordem alguns momentos em que tenham falado, e tenham sido ouvidos a partir do coração. Livremente, quem quiser, poderá partilhar.

Agora leia a citação: Mt 12,33-36.

Muitas vezes, em nossa fala, nos deixamos condicionar pelas expectativas dos outros. Não dizemos o que pensamos, mas o que os outros gostariam de ouvir, o que nos ajude a ser aceitos. Por isso, nossas palavras perdem força e valor, ficam superficiais.

Viver segundo a força do Espírito Santo significa dizer aquilo que sentimos em nosso coração, o que está dentro de nós, aquilo que Deus nos inspira. Somente assim nossas palavras poderão ser como as de Jesus, curadoras, pacificadoras, construtivas... com quem encontremos.

Quanto bem podemos fazer com nossa palavra e com nossa escuta se brotarem do coração, a partir do nosso eu mais profundo, lá onde é habitado e derramado o Espírito de Deus. **Quando se fala desse modo, fala-se um idioma que todos podem compreender**, como ocorreu no dia de Pentecostes, que os apóstolos falavam daquilo que o coração estava cheio, e eram compreendidos pelas pessoas que vinham de todos os lugares do mundo (At 2,4-11).

Essa é a missão da Igreja, de todo cristão, **falar a partir do coração** para semear o Reino. Durante esta oficina vamos aprender a arte de falar e escutar a partir do coração, para tornar possível **esse lugar onde as pessoas se sintam ouvidas de coração e possam ter confiança para falar.**

Depois de tudo isso, escreva em seu "diário" o que significa para você falar e escutar a partir do coração. Escreva o nome das pessoas que você sente que falam e escutam você a partir do coração.

- Depois agradeça a Jesus por cada uma delas, pelo que elas fizeram você sentir.

1   Preparados...

DINÂMICA
A REVISÃO MÉDICA

Para ver como está a saúde do nosso diálogo, faremos três exames médicos:

1º exame: teste de audição

Saber escutar é algo muito importante para qualquer diálogo. Estar atento às palavras do outro, saber retê-las e fazê-las nossas é essencial para responder adequadamente.

Vamos fazer agora um exercício básico de escuta.

O catequista sairá da sala com um membro do grupo que for sorteado, e os outros permanecem. O catequista contará uma pequena história ou um ditado popular a esse colega (2 a 3 minutos de duração). Quando acabar de contar, o catequista voltará para a sala e pedirá que outro colega saia para ouvir do colega sorteado, que está fora da sala, o que contou a ele. Depois voltará para a sala o que contou a história e sairá outro para ouvir a mesma história. Assim farão, até que todos passem pela experiência.

Quando o grupo estiver reunido novamente, o último colega que ouviu a história contará para todos. Então o catequista verá se a história que ele contou primeiro foi transmitida em sua integridade, com todos os detalhes, ou se perderam dados importantes durante a cadeia de transmissão. Verão se a escuta foi boa e fiel ou não. Em seguida, juntos, justifiquem e expliquem se a escuta foi boa ou não.

127

2º exame: acuidade visual

Saber escutar e interpretar a linguagem não verbal, a linguagem gestual e corporal que a outra pessoa transmite, também é importante para escutar tudo o que nos diz, não somente com palavras, mas com gestos. Às vezes, através de seus gestos, de seu rosto, de
seu olhar, de seu tom de voz, do movimento de suas mãos, sua tensão corporal... descobrimos coisas que as palavras não dizem ou ocultam.

Vamos fazer um simples exercício para colocar em prática nossa capacidade de escutar a linguagem não verbal.

- Formem duplas. O catequista dará um lenço para tampar a boca de uma pessoa de cada dupla. Quem estiver com a boca tampada deverá se comunicar através de gestos para que o outro adivinhe. Serão as seguintes mensagens:

> • O momento mais importante de minha vida foi...
> E me senti...
> • As coisas que mais aprecio em um amigo são...
> • O filme que mais gosto é...

3º exame: exploração das cordas vocais

Há muitos tipos de diálogo, dependendo do conteúdo, da mensagem, da intencionalidade, da atitude dos que participam... Assim, podem haver diálogos de "conversa fiada", diálogos "monólogos", diálogos de "interesseiros", diálogos construtivos, diálogos críticos, diálogos de confidência, diálogos agressivos, diálogos frios, diálogos que curam, diálogos amigáveis, diálogos reconciliadores, diálogos sem importância, diálogos com "careta", diálogos pouco edificantes... (podem acrescentar mais).

Formem duplas e escolham dois tipos de diálogos para representar para o grupo, que deverá descobrir de que tipo de diálogo se trata. Depois comentem as questões: **Quais os tipos de diálogos que são mais frequentes em seu redor? E entre vocês?**

2   Prontos...

HISTÓRIA
O HOSPITAL DAS PALAVRAS

Todos os dias chegam ao pronto-socorro palavras com graves doenças e enfermidades. Os médicos fazem o que podem, mas o tratamento sempre é difícil e caro. A recuperação é muito lenta. Necessitam de muito repouso para se regenerar e ficar como novas. Somente se estão distantes da boca dos homens podem ter possibilidades de recuperação.

Os humanos, em seus diálogos e conversações, costumam ser uma fonte de infecção para as palavras. As palavras padecem de muitas doenças por culpa deles.

Hoje entraram na UTI do hospital palavras com essas graves doenças diagnosticadas.

129

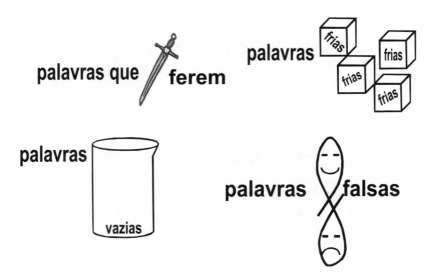

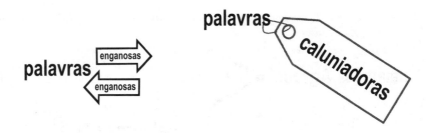

O problema sempre está nas palavras que se encontram, muitas vezes, com baixa resistência, e quando entram num coração humano que está enfermo se contagiam por qualquer uma destas doenças ou por outras; e ao serem pronunciadas saem gravemente doentes, podendo contagiar qualquer coração que as escute.

Somente as palavras com alta resistência podem sobreviver imunes perante as numerosas epidemias que assolam o mundo das conversas humanas.

Quando se encontrar com palavras como as que estão a seguir... respire tranquilo, pois não corre risco de ser contagiado e ficar doente.

palavras a 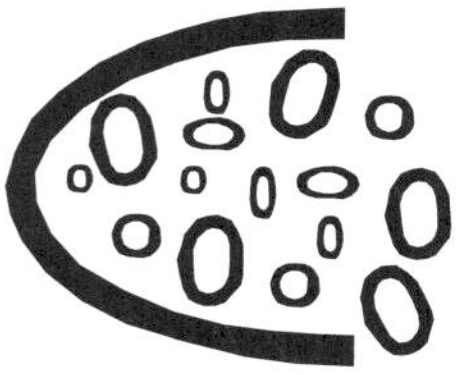 colhedoras

palavras profuuuuuuuuuuuuuundas

palavras
alegres

palavras libertadoras

palavras amaaaaaaaaaaaaaaaaaaaaaaaaaaveis

palavras c♡rdiais

palavras EDIFICANTES

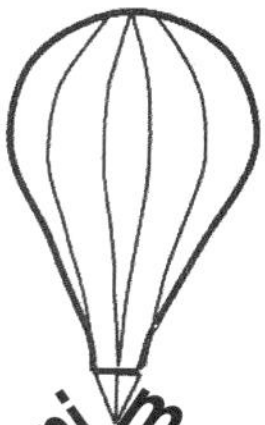

palavras de ânimo

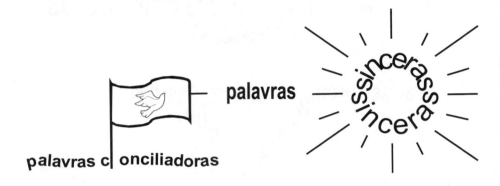

Recomendações das autoridades sanitárias
Se não quiser enviar muitas palavras para o hospital, cuide do coração (Assim os corações que estão ao seu redor também estarão melhores).

Para refletir

Vivemos uma época privilegiada. Nunca na história da humanidade as pessoas tiveram tantas possibilidades para comunicarem-se umas com as outras. O celular e a internet são a prova disso. Porém, isto não melhorou a qualidade das relações humanas. Apesar de todas estas vantagens tecnológicas, o grande problema que existe hoje entre as pessoas é que não se comunicam de verdade.

A falta de diálogo é o que mais provoca sofrimento no campo da convivência cotidiana. Quantos conflitos, discussões, inimizades, depressões, rupturas, maus-tratos... E para que haja o mínimo de diálogo é necessário que exista, pelo menos, duas pessoas que se respeitem mutuamente e estejam dispostas a ouvir uma a outra. Porém, poucos são os que sabem escutar e acolher as palavras do outro. O problema de tudo isso está no coração humano.

Acreditemos ou não, consciente ou inconscientemente, cada palavra que pronunciamos transmite o que há em nosso ser mais profundo. Através de nossas palavras, e de nossa capacidade de escuta e acolhida ao outro, demonstramos nosso estado de espírito. Afinal, é o nível de bondade ou egoísmo que reina em nosso coração que favorecerá ou impedirá a comunicação profunda e verdadeira entre nós... e com Deus. A qualidade e profundidade de nossa comunicação humana determinará a qualidade de nossa oração, de nossa comunicação com Deus, e vice-versa. A arte da comunicação somente se aprende através de uma boa limpeza do coração. Estamos em tempo para fazê-la.

Questões para o diálogo

1) De acordo com o simbolismo da história, costuma-se enviar muitas palavras para o hospital? Como você sabe?
2) Quais as palavras que mais doem em você quando as escuta?
3) Quais as palavras que já lhe disseram que produziram efeitos que nunca serão esquecidos devido ao bem que lhe fizeram?
4) Quais as palavras que deveria escutar ou utilizar mais em seus diálogos?
5) Você se lembra de alguém ter agradecido por alguma palavra que você tenha dito em alguma ocasião? E você já agradeceu a alguém alguma vez pelo mesmo motivo?
6) Quais ingredientes ou composição deveria ter a vacina que combaterá as graves infecções que as palavras sofrem?
7) Qual a sua opinião sobre as ideias da história para reflexão? O que gostaria de sublinhar? Por quê? Quais as ideias que você gostaria de acrescentar?

ATIVIDADE

CITAÇÕES PARA SE INICIAR NA ARTE DA COMUNICAÇÃO

1) "Temos duas orelhas e somente uma boca, justamente para escutar mais e falar menos" (Zenón).
2) "Dialogar é abrir-se sinceramente ao outro a partir da escuta e da palavra. Quem somente fala não dialoga, e quem somente escuta também não" (Joan Bestard).
3) "O homem somente se torna homem com a comunicação humana" (P. Natorp).
4) "A principal barreira da comunicação interpessoal mútua é nossa tendência a fazer julgamento, aprovar ou reprovar o que diz a outra pessoa ou o outro grupo" (C. Rogers).
5) "Escutar é ficarmos em silêncio e sem preconceitos para o coração do homem, construir sua tenda e esperar que nasça a confiança. Quantas pessoas vivem numa triste solidão, esperando sem resultados um coração aberto para a escuta!" (Gregorio Mateu).
6) "Um defeito generalizado em nossa sociedade é a incontinência verbal de tantas pessoas que não sabem escutar" (Bernabe Tierno).
7) "Quando escuto realmente a outra pessoa, entro em contato com ela, enriqueço a minha vida... Escutar alguém é como escutar a música dos astros, pois além da mensagem está o universo" (C. Roger).
8) "Os que sabem escutar, a Palavra de Deus os chama de "pobres", porque tem espaço em seus corações para que todos possam estacionar neles (Gregorio Mateu).
9) "Escutem a si mesmos, de modo que encontrarão o caminho de Deus dentro dos frágeis muros da humanidade... Escutem bem, pois, se ouvirem sua voz, os encherão de sabedoria e então serão capazes de ouvir a voz dos homens" (R.A. Milikan).
10) "Quando fazemos silêncio em nosso interior, quando sintonizamos com Deus e com a sociedade, nos tornamos mais capazes e flexíveis para a comunicação com os homens" (Gregorio Mateu).

Para responder

1) Quais as reflexões ou pensamentos essas citações sugerem?

_____
_____
_____

2) Comente as citações que mais chamaram a sua atenção, ou que você acha mais importantes na hora de estabelecer uma verdadeira comunicação, destacando as que mais gostou.

_____
_____
_____
_____
_____

3) Escreva sua própria citação sobre o que pensa que ajuda na autêntica comunicação.

_____
_____
_____

4) Juntos, elaborem um decálogo de conselhos que orientem ou ajudem para alcançar um diálogo de qualidade, uma comunicação de verdade. Os dez conselhos deverão iniciar do mesmo jeito.

Favorecerá um diálogo de qualidade se...

_____
_____
_____
_____
_____
_____
_____
_____

3

Já!

3.1 Já é a hora do compromisso

O Espírito Santo é a força de Deus que nos impulsiona a recriar, a colocar em prática em nossas vidas a conduta histórica de Jesus que falava e escutava a partir do coração, a partir de sua autenticidade. Por esta razão, suas palavras produziram tanto bem:

Com a Confirmação, o Espírito Santo encherá seu coração, como encheu o dos discípulos no dia de Pentecostes, e a partir desse momento terá a missão de falar a partir do que há no seu coração, para assim falar palavras autênticas, cordiais, sinceras, libertadoras, conciliadoras, curadoras, pacificadoras, acolhedoras, animadoras, respeitosas, fortalecedoras...

Quando falar assim, não duvide de que o Espírito Santo estará atuando através de suas palavras. Não terá consciência disso, mas, ao fazer isso, estará contribuindo para construir o Reino de Deus ao seu redor. Assim acontecerá quando alguém, depois de falar com você, saia com nova confiança e esperança renascida, ou fortalecida, ou tenha se sentido acolhido, escutado, reconfortado...

Com a Confirmação, como membro da Igreja de Jesus, terá a missão de falar **palavras semeadoras de Vida**.

Leia com atenção esta experiência real

Um recém-convertido

Em uma reunião, perguntaram a um recém-convertido o que havia mudado em sua vida desde que se encontrou com Jesus Cristo. Ele contou sua experiência:
– *Desde criança cometi o imperdoável erro de ser menor do que o normal e ter uma voz mais fraca do que o habitual. Os que viviam ao meu redor sempre me faziam lembrar minhas características. Conforme ia crescendo, também crescia*

meu sentimento de inferioridade. As palavras e as atitudes dos homens me fizeram acreditar que, no mundo, somente valiam os altos e fortes, e somente eram escutados os que sempre sobrepunham sua voz sobre a dos outros.

Tentei mendigar carinho e aceitação, esforcei-me em ser como os outros, mas seja lá o que fizesse nada mudava, pois já estava marcado e rotulado. Deram-me o último lugar na vida. E o pior é que me fizeram acreditar que esse era realmente o meu lugar. Mas numa noite de inverno, participando de uma celebração de Natal, Jesus Cristo me estendeu a mão. Escutei pela primeira vez a sua voz naquelas palavras proclamadas para todos. E pela primeira vez me senti gratuitamente querido. Deus me amava do jeito que eu era.

Até aquele momento as palavras dos homens me haviam feito sentir pequeno e desprezado, mas naquele dia as Palavras de Deus fizeram me sentir grande e digno de ser amado. Naquela noite descobri o poder da Palavra e o poder do Amor. Uma nova vida havia começado a palpitar em mim. Tinha nascido de novo.

Continuei sendo pequeno e minha voz continuou sendo fraca. Porém, agora me sentia grande em minha pequenez. As palavras dos homens deixaram de ter poder sobre mim, porque agora eram as palavras de Deus que habitavam em meu ser. Aquelas que são pronunciadas com Amor, aquelas que fazem descobrir a autêntica Verdade sobre si mesmo e são capazes de devolver a verdadeira dignidade a um coração humano.

Ideias para reflexão

Há palavras que, ao serem escutadas, têm a capacidade de humilhar e desrespeitar a pessoa que as recebe. São palavras que não nascem do amor sincero, do conhecimento profundo da pessoa à qual se referem. São palavras que nascem da superficialidade e da superioridade em que vive quem as diz e por isso ferem a quem necessita ser amado pelos seus irmãos para crescer como pessoa.

Mas há outros tipos de palavras: aquelas que nascem do amor profundo e do conhecimento mútuo. São palavras que têm a capacidade de levantar quem está caído e ajudá-lo a ver melhor a si mesmo. São palavras que dão vida porque são reflexo das palavras do Autor da Vida.

Se as palavras humanas podem afundar ou levantar, imagine a Palavra de Deus! Aqueles que escutam a voz daquele que nos conhece profundamente e nos ama infinitamente ficam totalmente transformados. Não haverá palavra humana que tenha poder sobre eles, pois o poder da Palavra de Deus habitará eternamente em seu coração dando Vida onde outros davam morte.

> Faça duas colunas em uma folha. Em uma coluna escreva palavras ou expressões de linguagem coloquial que dão vida às pessoas. Na outra escreva aquelas palavras ou expressões que dão morte às pessoas que as recebem.

Como seguidores de Jesus, que se preparam para receber plenamente o Espírito Santo, terão o compromisso e a responsabilidade de falar palavras que dão vida. Assume livremente este compromisso? _____

Se responder sim, propomos que durante esta semana, no final de cada dia, à noite, lembre-se das pessoas com as quais se relacionou, conversou. Registre em seu "diário" quais as palavras de vida você transmitiu, e como se sentiu ao falar com essas pessoas, como foi a qualidade de sua escuta.

Por outro lado, registrem também as "palavras de morte" que podem ter recebido e qual a atitude que vocês tiveram frente a essas palavras, a fim de que não cumpram seu objetivo.

No decorrer desse período de preparação para a Confirmação não se esqueça das palavras que Jesus dizia. Oxalá algum dia suas "palavras de vida" façam com que pelo menos alguma pessoa possa dizer de você algo parecido.

Procure e leia as citações: Mc 12,37; Lc 4,36; 5,1; 19,48; 24,32; Jo 6,68; 7,46.

3.2 A bússola da conduta cristã

Peguem a bússola que vocês confeccionaram na segunda oficina (anexo 2 p. 210), e, com ela na mão, repassem todos os conteúdos que trabalharam nesta quinta oficina. *O Espírito Santo nos faz ser pessoas de diálogo.*

Das virtudes evangélicas que aparecem nesta bússola, anotem aquelas imprescindíveis para serem pessoas de diálogo. Trata-se de selecionar as que estão mais diretamente relacionadas com os conteúdos desta oficina. Em seguida explique por que escolheram tais virtudes. Elas serão a pauta que lhe indicará o caminho a seguir como discípulo de Jesus, para falarem palavras autênticas, curadoras, construtivas.

_____

_____

_____

_____

_____

3.3 O dom da piedade para viver meu ser cristão na igreja de jesus

Esse dom que o Espírito Santo nos dá nos estimula, nos inclina, nos leva a viver em diálogo com Deus que nos habita, a escutá-lo e a falar o que vem do coração. O diálogo frequente com Ele fará com que nossas conversas com os outros se nutram de palavras sinceras, vivas, verdadeiras, acolhedoras, construtivas, cordiais... E todas aquelas palavras de alta resistência já mencionadas.

O dom da piedade pode ser entendido como a orientação de todo o nosso coração, de todo o nosso ser, pelo Deus *Abba*. É uma espécie de afeto sincero, de nos sentirmos filhos dele. É considerado como o melhor dos amigos, ou a pessoa mais querida e apreciada, e desejamos tê-lo sempre presente em nós, em tudo o que fazemos.

> Tudo isso se manifesta em alguns comportamentos e atitudes muito concretas: ser um bom amigo de Deus, não deixar de tê-lo no pensamento, lembrar-se com frequência dele, agradecer as coisas boas da vida e amparar-se nele perante as coisas não tão boas, falar dele, ter momentos de oração etc. E tudo isso porque nasce ESPONTANEAMENTE do coração, como uma necessidade, não como uma obrigação ou cumprimento forçado ou algo pesado de fazer.

É como a necessidade de estar e falar com os amigos ou com a pessoa amada. Triste e penoso seria se estivesse com os seus amigos ou com o(a) seu(sua) namorado(a) por obrigação, seria uma falsidade e um teatro. Assim ocorre em nossa relação com Deus *Abba*.

O dom da piedade nos faz sentir um interesse especial por tudo que tenha a ver com o Reino de Deus, com o que Jesus veio iniciar com sua vida aqui na terra. É o dom que nos faz ver Deus no rosto do irmão e falar o que sai do coração, palavras curadoras e humanizadoras como as que Jesus usava. Por isso é que esse dom contribui para construir a fraternidade entre todos.

Questões para o diálogo

1) Por que você acha que necessitamos do dom da piedade?
2) Você vive a fé como algo que nasce do coração ou como algo que é imposto de fora como uma obrigação?
3) Por que a oração é importante na vida cristã? O que é para você fazer oração? É possível ser cristão sem orar? Por quê?
4) Quanto tempo você reserva para Deus durante a semana? E durante um dia? O que isso significa?

3.4 Para a sua celebração dominical

Na celebração do próximo domingo, onde sempre participam como grupo de confirmação, ou individualmente, será o momento de **dar graças** a Deus **por tudo o que Ele está fazendo em você(s). Agradeça por cada um do grupo,** dizendo seus nomes; peça a Deus que cada um prepare seu coração para acolher esse dom do Espírito Santo e o cultivar a cada dia. Assim como você está orando por eles, eles também estarão orando por você.

- Peça a Deus que dê a você e seus colegas força e luz para colocar em prática em suas vidas tudo o que trabalharam e descobriram nesta oficina.

> Peça perdão na próxima Eucaristia pelos momentos que você não corresponde ao que Jesus lhe propõe no Evangelho, ao deixar-se levar ou vencer pelo seu egoísmo, que lhe faz fechar-se em si mesmo, isolando-se dos outros e do Deus de Jesus, o *Abba*, que **ama você tal como você é, independente do que você faça.**
>
> E se precisar sentir de coração o abraço e o calor da presença de Deus, que sempre está em você para perdoar-lhe e recompor o que está desordenado em seu interior, recorra ao Sacramento da Reconciliação. Irá descobrir que, do mesmo jeito que na Parábola do Filho Pródigo, ***Deus já lhe perdoou antes mesmo que você pedisse, e quer ir ao seu encontro para devolver-lhe o que havia perdido: a paz e a alegria de coração***. Assim terá de volta a festa que Deus sempre quis que existisse em seu interior... porque ele SEMPRE está com você e tudo o que é dele É SEU.

Lute com todas as suas forças para que NADA nem NINGUÉM destrua a alegria e a paz que Deus, *Abba*, lhe dá de presente a cada segundo em seu coração. Nunca se deixe manipular, Deus quer você livre.

> Que sua próxima Eucaristia seja realmente uma festa onde celebre que Deus quer enriquecer você com seus dons, para que descubra sua vocação a serviço da Igreja em nosso mundo, para que viva feliz e contagie outros semeando vida ao seu redor. Assim antecipará, já aqui na terra, a vida eterna prometida para todos.

3.5 Já é o momento de orar juntos

Vamos pedir a Deus neste momento de oração que nos dê a força do Espírito Santo para que possamos colocar em prática nossos compromissos. Queremos ser cristãos de verdade.

1) Iniciamos a oração fazendo o sinal da cruz.
2) Juntos, fazer a oração para invocar o Espírito Santo (anexo 1 (p. 209)).
3) Um catequizando dirá estas palavras de Jesus: *"Onde dois ou mais estão reunidos em meu nome, ali estou eu no meio deles"*.

4) Dois catequizandos colocarão no centro de onde estão reunidos uma imagem de Jesus e uma vela acesa, como símbolo de sua presença.

5) Um outro catequizando lerá uma das citações evangélicas que aparecem nesta oficina, aquela que o grupo escolher.

6) Deixam-se uns minutos de silêncio, de 9 a 10 minutos, para que cada um escreva uma carta para Jesus, em seu "diário", dizendo o que descobriu de mais importante nesta oficina. Poderão comentar o momento que mais gostou no grupo, como se sentiu, podendo agradecer ou pedir, ou outra coisa que sinta vontade de dizer.

7) Quem quiser poderá ler, neste momento, o que escreveu em sua carta.

8) Lerão todos juntos esta oração:

Graças, Senhor,
porque me amas desde sempre.
Porque aonde vou sempre te encontro:
se vou até o mais fundo do meu egoísmo,
se subo até o alto do meu orgulho,
se me deixo levar por meus instintos,
se caio nas garras deste mundo...
Ali no escondido sempre te encontro,
dizendo constantemente: "te amo".

Para onde irei que Tu não esteja?
O que viste em mim que tanto amor mereço?
Eu estava sem forças e vieste a mim.
Estava caído e me levantaste.
Era humilhado e me devolveste a dignidade.
Agora sei que me amas sem condições.
Não dependes do que eu faça
para sempre me dirás: "te amo".

Continues falando-me, Senhor.
São tantas as palavras vazias que soam ao meu
redor,
é tanta frieza que as envolve,
que uma certeza surge em meu coração:
somente Tu tens palavras de Vida.
Para onde irei...

A quem escutar senão a ti.
Quero ouvir tua Palavra,
sentir teu fogo abrasador dentro de mim.
Meus ouvidos estão abertos à tua voz.
Tudo em mim depende de ti,
porque basta uma palavra tua para me curar.

Fala-me, Senhor, que teu servo escuta.
Põe em meu caminho pessoas tocadas por ti,
para que me possam dizer tuas palavras
e assim que eu tenha a possibilidade de exclamar:
"Faça-se em mim segundo a tua Palavra".

9) De mãos dadas, para se sentirem irmãos, rezarão juntos a oração do Pai-nosso que Jesus ensinou aos seus discípulos.

OFICINA 6

Imagine um lugar onde todas as pessoas contribuam para a paz, com seu jeito de viver e conviver.

O Espírito Santo nos faz ser construtores da paz

APRESENTAÇÃO

Não existe nada tão penoso como perder a paz interior. Não existe nada tão terrível como viver rodeado de violência. Não há nada tão terrível como sofrer agressão ou ser vítima da guerra ou da barbárie.

Jesus veio trazer a paz para o coração humano (Jo 20,19-23), criar uma comunidade onde se aprende a conviver em paz (Mt 5,21-24; 6,12; 1Jo 3,11-18) e entregar o amor de Deus como a arma mais poderosa para acabar com a guerra e a barbárie humana (Rm 5,5).

O Reino que Ele veio trazer é um reino de paz (Jn 14,28). Ele quer que seus discípulos de todos os tempos tornem possível um lugar onde as pessoas contribuam para a paz com seu jeito de viver e conviver. Um lugar assim, esteja onde estiver, revela a presença de pessoas que se deixam levar pelo Espírito de Deus que habita em seus corações.

Procurar e ler esta citação: Mt 5,9.

Contribua para a paz
Agora, como símbolo de que querem "colocar a mão na massa" para contribuir para a paz, cada catequizando desenhará em uma folha o contorno de sua mão e escreverá dentro dele a frase: **contribuir para a paz é...** e então completará a frase com tudo o que vier à mente, para encher o desenho de sua mão com ações, atitudes, comportamentos (por pequenos que sejam), que torne possível ou promovam a paz na convivência humana. Depois podem partilhar e expor em um mural.

Um dos frutos do Espírito Santo é a PAZ (Gl 2,22).
A paz revela os que são filhos de Deus.

"O respeito e o desenvolvimento da vida humana exigem a paz. A paz não é somente ausência da guerra... A paz não pode ser obtida na terra sem a salvaguarda dos bens das pessoas, sem a livre comunicação entre os seres humanos, o respeito pela dignidade das pessoas e dos povos, a prática assídua da fraternidade. A paz é obra da justiça e efeito da caridade."

Catecismo da Igreja Católica, n. 2.304.

> "A paz terrestre é imagem e fruto da paz de Cristo, o Príncipe da Paz messiânica" (Is 9,5). "Ele é a nossa paz" (Ef 2,14).
>
> *Catecismo da Igreja Católica,* n. 2.305.

Hoje em dia a paz está seriamente ameaçada. Vivemos na época do progresso, da ciência, dos grandes descobrimentos e avanços. E, sem dúvida, vivemos na época mais violenta de toda a história da humanidade.

Muitos seres humanos, atualmente, estão sofrendo violência de inumeráveis formas neste mundo tão globalizado: a violência das guerras e conflitos armados, a violência terrorista,  a violência exercida pelas estruturas políticas, econômicas e comerciais que provocam, com suas injustas e interessadas decisões, a fome e a pobreza em grande parte da humanidade. *Negar ou privar alguém dos meios necessários para viver com dignidade é exercer a violência, é uma agressão à dignidade humana.*

Também existe a violência sofrida pelas pessoas que nas sociedades ricas se veem condenadas e empurradas para viver na pobreza. A violência que as crianças sofrem sendo exploradas no trabalho, a violência sofrida pelas mulheres, a violência que sofrem os perseguidos, a violência racista... e tantas outras violências cotidianas, como também *a violência que sofre a natureza.*

> Num mundo assim, os cristãos, os plenos do Espírito que animava Jesus, temos a missão de sermos instrumentos de paz. Durante esta oficina descobriremos a melhor forma para sermos bons instrumentos nas mãos do Espírito Santo. Desta maneira, onde estivermos, tornaremos presente o Reino de Deus.

📝 Releia as citações evangélicas, e, dentre elas, escolha uma ou mais frases que gostaria de refletir para não esquecer. Escreva-as em seu "diário". Essas palavras serão precisamente as que Jesus lhe disse pessoalmente. Por essa razão, escreverá uma simples mensagem de resposta para Ele. Registre também em seu "diário".

1 Preparados...

SÍMBOLO PELA PAZ
O "EFEITO DOMINÓ"

É necessário, para esta atividade, que cada um tenha trazido de sua casa um jogo de dominó. Na apresentação desta oficina, cada um escreveu no contorno da mão tudo o que significa trabalhar pela paz. Agora pegue uma peça de dominó para cada ação ou comportamento que escreveu para contribuir à paz. Todos juntarão suas peças e formarão uma fila comprida colocando-as em pé, de tal forma que, quando cair a primeira, caiam todas até a última. Desta forma faz-se o conhecido "efeito dominó". A última peça deverá cair sobre um papel onde esteja escrito PAZ, ou provocar algum efeito que faça a folha com a palavra PAZ se levantar...
Para isso daremos o seguinte simbolismo:

- Ter consciência de que cada peça é uma pequena ação que contribui para a paz. A atenção e o cuidado em que colocamos cada peça são a atenção e o cuidado que em nossa vida cotidiana devemos ter no relacionamento com os outros, a fim de contribuir para a boa convivência e paz.
- O fato de contar com as peças dos outros colegas para compor o efeito dominó significa que a paz não é coisa de uma única pessoa, mas trata-se da contribuição de todos.
- Colocar bem as peças, para que não caiam antes da hora, requer muita paciência, dedicação e determinação, assim como construir a paz. Apesar das dificuldades e contrariedades, é necessário ter determinação de seguir em frente, de continuar colocando as peças de pé para tornar possível a paz.
- Quando as peças caírem, uma atrás da outra, tenham consciência de que suas ações, por pequenas que pareçam, sempre influenciam aos outros. Neste caso da paz, suas ações de paz contagiam ao seu redor: **seja contagiador de paz com sua forma de viver e conviver.** Esta é a mensagem final que simbolicamente quer dar este "efeito dominó". *Poderão fazê-lo como um ato público pela paz (é uma sugestão).*

2   Prontos...

HISTÓRIA
OS DESEJOS DE FATHIYA

Naquela manhã de janeiro todos os alunos estavam no pátio do colégio carregando um balão afixado a uma pequena folha de papel escrita. Estavam celebrando o Dia da Paz, e iam soltar os balões para que subissem ao céu todos os desejos de paz que haviam escrito neles.

Chegou o momento, e um mar de balões coloridos subiam para o alto, enquanto os olhos emocionados de cada criança seguiam o caminho que os balões percorriam, até que se perdiam lá longe no céu azulado.

Entretanto, o balão de uma criança pequena não subiu. A menina começou a chorar porque era o único balão que havia ficado na terra. Sua professora se aproximou para ver o que estava acontecendo.

Aquela criança se chamava Fathiya, era palestina. Quando muito pequena perdeu os seus pais em um bombardeio na guerra, e agora tinha sido adotada por uma família espanhola. A professora disse que não se preocupasse porque certamente seus desejos de paz eram tão grandes, bonitos e bons, que queriam ficar na terra para que todos os conhecessem.

Depois de um breve silêncio, a professora disse em seu ouvido:

– Mais tarde, quando todos os pais estiverem no pátio para escutar o manifesto pela paz e soltarem as pombas, você lerá para todos os seus desejos de paz.

– Quando chegou o momento, a menina fez o que foi combinado... O que disse foi o seguinte:

– Senhor dos céus, aqui estão os meus desejos:

Que os tanques atirem pombas da paz que façam seus ninhos nas cabeças das pessoas violentas.
Que as espingardas e metralhadoras atirem somente água fresca para poder brincar com os amigos na praia ou na piscina.
Que as bombas estejam cheias de confete, balas e enfeites de papel.
Que as facas, espadas e navalhas sejam de massinha de modelar e somente sirvam para fazer cosquinhas.
Que os aviões de guerra se transformem em atrações para exposição.
Que os únicos soldados que existam sejam os de chumbo, ou melhor, os de chocolate.
Que as únicas batalhas permitidas sejam as de flores, as de jogar bolos ou as de travesseiros.
Que quando alguém diga uma palavra violenta ou agressiva, uma nuvem se coloque em cima e derrame água até limpar sua cabeça das palavras ruins.
Que as fábricas de armas sirvam somente para fabricar brinquedos e medicamentos.
Que todos os terroristas se transformem em estátuas de pedra porque têm o coração de pedra.
Que os inventores de armas e quem gasta tanto dinheiro com eles dediquem-se a inventar uma máquina que torne realidade os sonhos das crianças mais tristes deste mundo.
Quando ela terminou, fez-se um grande silêncio emotivo. Em seguida, um grande aplauso ressoou em todos os cantos do pátio do colégio. A professora se aproximou da menina, deu-lhe um beijo e disse baixinho em seu ouvido:
– Obrigada, Fathiya, seus desejos de paz fizeram com que os corações de todas essas pessoas se elevassem ao céu.

Questões para o diálogo

1) Quais outros desejos de paz você acrescentaria à lista?
2) Qual a sua opinião sobre a seguinte frase do Papa João XXIII: *"A paz não pode reinar entre os homens se não reinar primeiro no coração de cada um deles"*? Quais as coisas que impedem que a paz possa reinar em um coração humano? Elabore sua própria frase sobre a paz.
3) Quando você escuta notícias sobre maus-tratos a mulheres, ou se informa sobre a morte de alguma mulher por seu marido, quais os pensamentos que surgem em sua mente? Por que isto acontece?
4) Qual a sua opinião sobre o *bullying* escolar que alguns colegas sofrem? O que poderíamos fazer se conhecêssemos alguém que sofresse uma situação assim?
5) Durante as últimas décadas, em alguns países têm acontecido guerra, conflito ou situação de violência. Seguem alguns deles:
   Afeganistão, Angola, Argélia, Armênia, Colômbia, República Democrática do Congo, Ruanda, Costa do Marfim, Chechênia, Etiópia, Filipinas, Geórgia, Índia, Paquistão, Irã, Israel, Palestina, Kosovo, Líbano, Líbia, Nepal, Senegal, Serra Leoa, Somália, Sirilanka, Sudão, Turquia, Uganda...

- Se atualmente está faltando algum país que esteja sofrendo um conflito ou situação de violência, acrescente.
- Com a ajuda de um atlas, localizem juntos esses países no *mapa-múndi*, pintando de vermelho onde está cada um deles, colocando uma flecha com seu nome. São como feridas abertas ou cicatrizes dolorosas presentes em nosso mundo.

6) O século XX foi o século em que teve mais guerras na história da humanidade, com maior número de mortes, 110 milhões, a maioria civis. Você acha que o ser humano aprendeu a lição que as guerras dão, no século XXI? Por quê?

ATIVIDADE

A ORQUESTRA DA PAZ

Leia com atenção esta experiência de paz

No início do século XXI, o famoso diretor de orquestra Daniel Barenboim, diante do conflito entre israelenses e palestinos, teve uma ideia: buscar o entendimento e a paz entre eles através da música.
Todos os anos organizava uma oficina onde participavam jovens de origem de Israel e Palestina para formarem, juntos, uma orquestra, que depois de muitos ensaios fariam uma apresentação de concertos por várias cidades do mundo.
Barenboim, com este projeto, quis criar um espaço de encontro, de convivência e de intercâmbio de ideias entre jovens pertencentes aos coletivos enfrentados, e com feridas de ódio mútuo muito profundas.
Ao perguntarem como surgiu a ideia de criar esta orquestra, respondeu:

> *A oficina surgiu de minha convicção profunda de que não há uma solução militar para o conflito do Oriente Médio, nem para os palestinos, nem para os israelitas, nem do ponto de vista estratégico, nem do ponto de vista moral.*
>
> *Isto quer dizer que cedo ou tarde tem que haver um acordo de paz que acabe com o conflito, ou pelo menos com as hostilidades.*
>
> *Quando chegar esse dia, irão começar a procurar formas de ter contato entre os diferentes povos. Então, por que temos que esperar que os políticos encontrem a forma de fazer isso, quando nós podemos começar agora esses contatos por nossa conta?*
>
> *Esta oficina não tem um programa político. O máximo que eu espero é que haja um intercâmbio aberto de ideias que favoreça o conhecimento mútuo, já que o conflito vem da ignorância de uns com os outros.*
>
> *É muito difícil combater o ódio de frente. Por isso é que tento fazer as pessoas se encontrarem para partilharem coisas em comum que as una. Neste caso a MÚSICA, que é uma paixão muito forte.*
>
> *Nos concertos todos tocam misturados. Em cada átril fica sentado um palestino junto com um israelita. Assim convivem juntos, ensaiam juntos, comem juntos, brincam juntos. A maioria se sente feliz com essa convivência.*

Em todo lugar que a orquestra vá, toca o som da PAZ. Nela criou-se um espaço de encontro e convivência baseado no absoluto respeito e igualdade de seus membros. Algo que favoreça o conhecimento mútuo e o intercâmbio de ideias e pontos de vistas diferentes. O entendimento é possível quando se vence o ódio, quando se enfatiza o que nos une e não o que nos separa. A música (convivência) que surge daí é sempre bela, uma melodia cheia de harmonia.

> Nós queremos ser instrumentos de paz. O Espírito Santo é nosso diretor de orquestra. A cada instrumento Ele inspira um som, um matiz, um tom. A tarefa de cada instrumento é estar afinado.
> Nós cristãos fazemos parte de uma orquestra: a orquestra da paz. Qual instrumento eu sou dentro desta orquestra, e como deve ser meu som de paz? Como o Espírito está me inspirando para ser instrumento de paz?

Agora cada um de vocês escolherá qual instrumento musical quer ser, e desenhará no retângulo apresentado na sequência, completando a frase que ali aparece.

- Em seguida, sobre o pentagrama, escreva oito "mandamentos das notas musicais de paz", ou seja, o que você é chamado a cumprir para estar bem afinado e ser um bom instrumento de paz. Cada "mandamento" corresponderá a uma nota musical.

INSTRUMENTO

Sou este instrumento musical porque para mim a paz é

_____

_____

Do:

Re:

Mi:

Fa:

Sol:

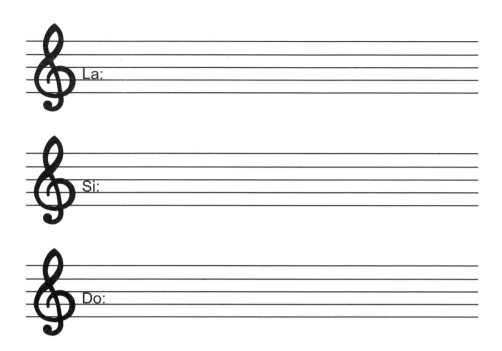

- Ao partilhar observarão a seguinte particularidade: ao ler seu "mandamento deverá fazê-lo com a entonação do som de cada nota correspondente, subindo um tom de voz para ajustar-se.

- Depois de partilhar, e saber como soa cada instrumento, chegará o momento de todos tocarem de uma só vez. Agora cada um deverá imitar (mais ou menos) o som do instrumento que escolheu ser, e todos juntos tocarão o Hino da Alegria. O catequista será o maestro da orquestra.

3   Já!

3.1 Já é a hora do compromisso

O Espírito Santo é a força de Deus que nos impulsiona a recriar, a colocar em prática em nossas vidas a conduta histórica de Jesus: ser trabalhadores pela paz.

Com a Confirmação o Espírito Santo lhe dá esta missão: SER CONTAGIADOR de PAZ onde quer que você esteja.

Do mesmo jeito que Jesus ressuscitado disse aos seus discípulos, nos diz hoje: "A paz esteja com vocês... recebam o Espírito Santo" (Jo 20,19-22). Quando a paz de Deus enche o coração humano, quando nele habita Aquele que é nossa paz (Ef 2,14), não há dúvida de quais serão as consequências: SER CONTAGIADORES de PAZ.

Com a Confirmação você terá a força e o valor necessários para enfrentar os que ameaçam a paz, terá a força do Amor de Deus para não se deixar contagiar por eles, terá a sabedoria para responder e agir em paz buscando com energia e determinação a justiça. Não estará sozinho, pois Aquele que venceu o mundo da maldade sempre estará com você (Mt 28,20).

Leia com atenção esta história

O profeta

O profeta recebeu a missão de Deus de estabelecer a paz entre os povos que estavam em conflito. Mas aquela missão era humanamente impossível. Havia tanto ódio e violência entre eles, que parecia loucura essa missão de paz. O profeta, então, falou assim para Deus:

— Senhor, ir até lá é seguramente para morrer. Mataram a paz entre eles e qualquer que queira ressuscitá-la será igualmente eliminado. Não tem nada para

fazer entre os homens que já não se amam.

Mas Deus disse:

– Não temas. Eu estarei contigo e darei para ti todo o meu poder.

O profeta começou a sentir no seu coração a força poderosa do Amor de Deus. Com essa força, cheio de segurança, foi embora com a certeza de que poderia conseguir que nascesse a paz entre aqueles dois povos. Surpreendentemente, o poder do Amor foi ficando nos corações daqueles homens. O testemunho de valentia e coragem daquele profeta por alcançar a paz fez aquele povo refletir e dialogar.

O profeta estava maravilhado do poder que Deus tinha lhe dado. Tinha conseguido o que parecia impossível. Por fim havia se aberto o caminho para a paz. Mas, quando tudo parecia ir bem, um violento radical foi até ele com um revólver e o matou num disparo. Depois, no céu, o profeta reclamou para Deus por ter sido morto:

– Você não me disse que não tivesse medo? Você não me deu todo poder para realizar essa missão? Por que deixaste que me matasse?

E Deus disse:

– Em nenhum momento deixei de te entregar a minha força poderosa. Acontece que o Amor é um poder desarmante, capaz de comover corações de pedra, mas não tem força diante dos que estão cegos pela maldade e pelo egoísmo. E às vezes tem que dar a vida por aquilo que se quer em nome do Amor.

Ideias para reflexão

Em muitas ocasiões costuma-se escutar o questionamento de que, se Deus é o Todo-poderoso e nos ama, por que permite o mal, o sofrimento e a injustiça que causam tanta dor e morte? Porém, poucos são os que sabem ouvir a resposta de Deus ao enviar seu Filho Jesus Cristo. Ele é a resposta. A única resposta clara que revela qual é a autêntica natureza do poder de Deus. Não é um espectador de braços cruzados.

Em Jesus, o cidadão de Nazaré, Deus se revelou como amor todo-poderoso, que luta para tirar o ser humano do mal, curá-lo de seu sofrimento e libertá-lo da injustiça. Em Jesus, tornou-se visível que o poder do Amor desarma os que vivem no mal quando se sentem queridos gratuitamente. Tornou-se palpável que o poder do Amor elimina o sofrimento que antes era insuportável. Manifestou-se que o poder do Amor que tem a força de colocar em evidência as injustiças para combatê-las até o fim.

O amor se apresenta como um poder desarmante, mas que é desarmado frente àqueles que não querem acolhê-lo. Sem dúvida, seu poder é mais forte do que a morte, porque não existe nada que possa matá-lo. Assim nos foi revelado e manifestado, e por ele vivemos amando até as últimas consequências.

Depois de tudo o que foi visto e trabalhado nesta oficina, só nos falta pedir a Deus que nos dê a força de seu Espírito para colocar em prática, cada dia, nossos oito "mandamentos da paz", e para que nossas mãos trabalhem pela paz.

São Francisco de Assis, em seu desejo de querer ser instrumento de paz, compôs uma oração. Leia-a e depois componha sua própria oração sobre a paz, para ser lida no momento da oração final.

Senhor, fazei de mim um instrumento de vossa paz.
Onde houver ódio, que eu leve o amor;
Onde houver ofensa, que eu leve o perdão;
Onde houver discórdia, que eu leve a união;
Onde houver dúvida, que eu leve a fé;
Onde houver erro, que eu leve a verdade;
Onde houver desespero, que eu leve a esperança;
Onde houver tristeza, que eu leve a alegria;
Onde houver trevas, que eu leve a luz;

Ó Mestre, fazei que eu procure mais
Consolar, que ser consolado;
Compreender, que ser compreendido;
Amar, que ser amado.
Pois é dando que se recebe,
É perdoando que se é perdoado,
E é morrendo que se vive
Para a vida eterna.

São Francisco de Assis

Jesus diz particularmente para você, a fim de que se prepare para sua Confirmação.

Procure e leia as citações: MT 5,9; 5,21-22; 5,43-45; Jo 14,27.

3.2 A bússola da conduta cristã

Peguem a bússola que vocês confeccionaram na segunda oficina (anexo 2, p. 210 – Acertar na prova paginada), e, com ela na mão, repassem todos os conteúdos que trabalharam nesta sexta oficina. *O Espírito Santo nos faz ser construtores da paz.*

Das virtudes evangélicas que aparecem nesta bússola, anotem aquelas imprescindíveis para serem pessoas construtoras e contagiadoras de paz onde quer que estejam, pessoas mediadoras para tornar possível o perdão e o respeito. Trata-se de selecionar as que estão mais diretamente relacionadas com os conteúdos desta oficina. Em seguida explique por que escolheram tais virtudes. Elas serão a pauta que lhe indicará o caminho a seguir como discípulo de Jesus, para serem construtores da paz no lugar em que vivem e convivem.

_____

_____

_____

_____

_____

3.3 O dom do temor de Deus para viver meu ser cristão na Igreja de Jesus

Esse dom que o Espírito Santo nos dá não significa ter medo de Deus, mas está relacionado ao amor. Quando amamos muito alguém, quando nos sentimos queridos e apreciados de verdade por alguém, preocupamo-nos em respeitá-lo, fazendo o possível para não romper esse amor, essa relação, essa amizade. Queremos ver o outro contente e feliz, e por nada desse mundo queremos perdê-lo. Tememos perder essa relação porque nossa vida ficaria sem sentido, se tornaria cinza e triste... perderíamos nossa paz.

> Sentimo-nos tão queridos por Deus *Abba*... Recebemos tanto dele... nos ama gratuitamente de tal maneira... Ajudou-nos a levantar tantas vezes... que não queremos por nada deste mundo perdê-lo, afastar-nos dele. Por isso, o dom do temor de Deus não é medo, mas amor a Deus que nos faz agir e comportar-nos como Ele gosta, para o nosso bem e dos outros, por isso é também o dom do arrependimento e da Reconciliação.

O amor de Deus, entendido desta maneira, é a atitude que nos faz viver de forma constante na presença dele. Seu olhar nos protege. É como o de uma mãe. Não é acusador do mal que fazemos para castigar-nos, mas, pelo contrário, é materno e protetor. A única coisa que Ele quer é que não nos machuquemos e nem machuquemos os outros.

É um dom que nos ajuda a reconhecer e detectar aquilo que fazemos e causa mal para nós e para os outros. É um dom que nos ajuda a pedir perdão, a reconhecer nossos erros perante nós mesmos, perante aos outros e perante Deus. É um dom que nos ajuda a reconstruir a paz e viver reconciliados uns com os outros. Vivendo na paz que Deus nos dá, no coração, podemos ser construtores da paz em nosso redor. É o que pensava o Papa João XXIII quando disse a seguinte frase: "A paz no mundo somente será possível quando no coração de cada pessoa reinar a paz".

Entretanto, esse dom só poderá cumprir sua missão em nós se cultivarmos, praticarmos nossa espiritualidade, ou seja, a oração, para encontrarmos com Deus e conosco. Os dons do Espírito Santo somente crescem, desenvolvem-se e agem quando se tem uma vida de oração, uma vida espiritual constante. Se fizerem assim não haverá nada nem ninguém que possa com você... porque saberá que o Senhor está com você.

Questões para o diálogo

1) Por que você acha que necessitamos do dom do temor de Deus?
2) Você tem medo de Deus?
3) Que sentido tem pedir perdão, arrepender-se perante Deus? Como deve ser vivido o Sacramento da Reconciliação? Em que ele ajuda?

3.4 Para a sua celebração dominical

Na celebração do próximo domingo, onde sempre participam como grupo de confirmação, ou individualmente, será o momento de **dar graças** a Deus **por tudo o que Ele está fazendo em você(s). *Agradeça por cada um do grupo,*** dizendo seus nomes, pedindo a Deus que cada um prepare seu coração para acolher esse dom do Espírito Santo e o cultivar a cada dia. Assim como você está orando por eles, eles também estarão orando por você.

- Peça a Deus que dê a você e seus colegas força e luz para colocar em prática em suas vidas tudo o que trabalharam e descobriram nesta oficina.

> Peça perdão na próxima Eucaristia pelos momentos que você não corresponde ao que Jesus lhe propõe no Evangelho, ao deixar se levar ou vencer pelo seu egoísmo, que lhe faz fechar-se em si mesmo, isolando-se dos outros e do Deus de Jesus, o *Abba*, que **ama você tal como você é, independente do que você faça.**
>
> E se precisar sentir de coração o abraço e o calor da presença de Deus, que sempre está em você para perdoar-lhe e recompor o que está desordenado em seu interior, recorra ao Sacramento da Reconciliação. Irá descobrir que, do mesmo jeito que na Parábola do Filho Pródigo, ***Deus já lhe perdoou antes mesmo que você pedisse, e quer ir ao seu encontro para devolver-lhe o que havia perdido: a paz e a alegria de coração.*** Assim terá de volta a festa que Deus sempre quis que existisse em seu interior... porque ele SEMPRE está com você e tudo o que é dele É SEU.

Lute com todas as suas forças para que **NADA** nem **NINGUÉM** destrua a alegria e a paz que Deus, *Abba*, lhe dá de presente a cada segundo em seu coração. Nunca se deixe manipular, Deus quer você livre.

> Que sua próxima Eucaristia seja realmente uma festa onde celebre que Deus quer enriquecer você com seus dons, para que descubra sua vocação a serviço da Igreja em nosso mundo, para que viva feliz e contagie outros semeando vida ao seu redor. Assim antecipará, já aqui na terra, a vida eterna prometida para todos.

3.5 Já é o momento de orar juntos

Vamos pedir a Deus, neste momento de oração, que nos dê a força do Espírito Santo para que possamos colocar em prática nossos compromissos. Queremos ser cristãos de verdade.

1) Iniciamos a oração fazendo o sinal da cruz.

2) Juntos fazer a oração para invocar ao Espírito (anexo 1, p. 209).

3) Um catequizando dirá estas palavras de Jesus: *"Onde dois ou mais estão reunidos em meu nome, ali estou eu no meio deles".*

4) Dois catequizandos colocarão no centro de onde estão reunidos uma imagem de Jesus e uma vela acesa, como símbolo de sua presença.

5) Um outro catequizando lerá uma das citações evangélicas que aparecem nesta oficina, aquela que o grupo escolher.

6) Agora cada membro do grupo lerá a oração da paz que escreveu no item 3.1. Quando terminar se levantará, acenderá uma vela e colocará ao lado da imagem de Jesus. Todos deverão fazer o mesmo.

7) Rezarão juntos essa oração composta pelo Papa João XXIII, que foi uma grande pessoa comprometida com a paz, um grande contagiador de paz.

> Senhor Jesus,
> Tu que és chamado de Príncipe da Paz,
> Tu que és a nossa paz e reconciliação,
> Tu que sempre nos disseste: "A paz esteja contigo".
>
> Faça que todos os homens e mulheres
> deem testemunho da verdade,
> da justiça e do amor fraternal.
> Tira dos nossos corações
> qualquer coisa que poderia colocar em perigo a paz.
>
> Ilumina os nossos governantes
> para que eles possam garantir
> E possam defender o grande presente que é a paz.
> Que todas as pessoas da terra
> sintam-se irmãos e irmãs.
> Que o anseio pela paz faça-se presente
> e perdure acima de qualquer situação.

8) Como filhos de Deus, rezemos juntos a oração que Jesus nos ensinou: Pai nosso...

OFICINA 7

Imagine um lugar onde todas as pessoas se comprometam numa causa justa, sem medo das consequências.

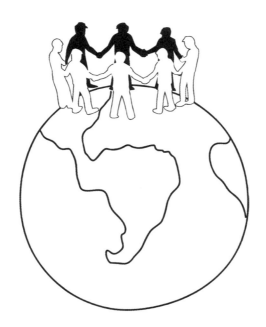

O Espírito Santo nos transforma em testemunhas de Jesus e de seu Reino

APRESENTAÇÃO

De acordo com o dicionário, ser testemunha significa *ser uma pessoa que viu ou ouviu alguns fatos, e através de seu testemunho passa às outras pessoas garantia de que esses fatos aconteceram, que são verdadeiros, relatando como ocorreu.*

Pelo modo de ser, de viver e de agir de um cristão, pode tornar verdadeira **a mensagem de Jesus**, pode tornar Deus presente neste mundo e possibilitar que outros se aproximem ou descubram o Deus verdadeiro. Caso contrário, poderá afastá-los de Deus, sendo um cristão medíocre, só de nome.

Ser testemunha de Jesus supõe conhecê-lo pessoalmente, tê-lo intimamente como o melhor dos amigos, ter encontrado nele a própria fonte de felicidade, e viver o estilo de vida que marca as bem-aventuranças, indo contra a corrente e comprometendo-se em tornar presente o Reino de Deus já aqui na terra, possibilitando um mundo mais justo, fraterno e solidário. **O Espírito Santo anima e faz viver assim.** Testemunhas assim tornam verdadeiro o Evangelho de Jesus. Receber a Crisma é assumir a responsabilidade de ser testemunhas de Jesus e de seu Reino.

Agora, neste momento, Jesus está dizendo para você a mesma coisa que disse aos seus discípulos em At 1,8. Leia com atenção e em seguida responda a esta pergunta: Você está disposto a ser testemunha de Jesus? Por quê?
_____
_____

Procurar e ler esta citação: At 2,14-33.

Quando os discípulos de Jesus recebem o Espírito Santo em Pentecostes, começam a anunciá-lo em todos os lugares do mundo. Pedro faz o mesmo dando seu testemunho. Eles estão tão alegres que são confundidos com bêbados.

As grandes alegrias não podem ficar só para uma pessoa, expandem-se. A tendência natural é anunciá-las a todo o mundo, inclusive sem palavras. Uma grande alegria não pode ficar parada, nem contida.

Nós cristãos somos testemunhas da alegria do Evangelho. Você tem alegria e orgulho de ser cristão? Por quê? (*Este é um bom indicador para saber se está preparado ou não para receber a Confirmação.*)

Procurar e ler estas citações: At 4,1-20; 10,34-43.

Os apóstolos são exemplos de como davam testemunho de Jesus. Falavam do que haviam visto e ouvido, do que conheciam sobre Jesus, do que haviam descoberto com Jesus e o que Ele significava em suas vidas. O que você diria de Jesus? Qual testemunho você daria dele? Quem é Ele para você? O que experimenta dele? O que Ele faz ou já fez em você? Quais os efeitos que Ele produz ou provoca em você?

Escreva seu testemunho no "diário". Seja sincero e coloque somente o que você sente e vive no coração, aquilo que é verdadeiro. Em seguida partilhe com o grupo.

> "Crisma dá-nos uma força especial do Espírito Santo para difundir e defender a fé pela palavra e ação, como verdadeiras testemunhas de Cristo, para confessar com valentia o nome de Cristo e para nunca sentir vergonha em relação à cruz."
>
> *Catecismo da Igreja Católica*, n. 1.303.
>
> "Os leigos cumprem sua missão profética evangelizando, com o anúncio de Cristo e testemunho da vida e da palavra."
>
> *Catecismo da Igreja Católica*, n. 905.

HISTÓRIA
FALAR DE DEUS

Depois de bastante tempo aprendendo sobre Deus, o discípulo estava quase pronto para anunciá-lo aos outros. Somente faltava uma última lição de seu mestre. Quando chegou o momento de recebê-la, o mestre disse:

— Quando falar de Deus, não utilize palavras humanas, mas palavras de Deus. Se não for assim, é melhor que se cale, pois com suas palavras humanas ocultarás o verdadeiro rosto de Deus.

O discípulo perguntou:

— E como são as palavras de Deus para poder anunciá-las aos outros?

O mestre respondeu:

— As palavras de Deus são aquelas que, antes de serem ditas, são vividas e encarnadas com a própria vida. Somente assim é possível falar de Deus. Sendo a própria pessoa testemunha dele. Essas são as únicas palavras que são capazes de comover o coração das pessoas e abri-las a Deus.

O discípulo saiu triste depois de sua última lição, pois lhe faltava viver e encarnar muitas palavras de Deus.

Durante esta oficina percorreremos um caminho para tornar realidade tudo isso em nossas vidas, **sendo testemunhas do Evangelho com a força, ajuda e guiados pelo Espírito Santo. Assim tornaremos presente o Reino já aqui na terra, esse lugar onde as pessoas se comprometem numa causa justa, sem medo das consequências.**

1 Preparados...

DINÂMICA
A GINCANA DO TESOURO

Vamos dar uma olhada em nossas origens, como era a vida dos primeiros cristãos e suas comunidades. Abaixo segue um testemunho escrito no século II. Foi extraído de uma carta dirigida a um jovem chamado Diogneto, que queria saber quem eram os primeiros cristãos, os que estavam sendo perseguidos naquele momento pelo imperador romano.

A VIDA DAS COMUNIDADES CRISTÃS PRIMITIVAS

Os cristãos não se distinguem dos outros homens nem por sua terra, nem por sua fala, nem por seus costumes. Não habitam em cidades exclusivas, nem falam uma língua estranha, nem vivem a vida separada dos outros.

Na realidade, esta doutrina não foi inventada por eles graças a seu talento ou especulação de homens sábios, nem professam como outros fazem, um ensinamento humano, mas habitando nas cidades gregas ou bárbaras, de acordo com a sorte de cada um, e adaptando-se à comida, vestes e demais gêneros da vida e costumes de cada país, demonstram um teor de vida distinto, admirável e surpreendente, devido à fé de todos.

Habitam em suas próprias pátrias, mas como forasteiros. Participam de tudo como cidadãos, suportam tudo como estrangeiros. Toda terra estranha é pátria para eles, e toda pátria é terra estranha. Casam-se como todos, geram filhos, porém não expõem à morte os que nascem. Põem tudo em comum na mesa. São de carne, mas não vivem segundo a carne.

Obedecem as leis, mas ultrapassam as leis com suas vidas. Amam a todos e por todos são perseguidos. São desconhecidos e condenados. Matam-lhes e dão-lhes a vida. São pobres, mas enriquecem a todos. Carecem de tudo e têm abundância de tudo. São desonrados e na mesma desonra são glorificados. São amaldiçoados e declarados como justos. São censurados e abençoados. São injuriados, mas eles oferecem honra. Fazem o bem, mas são castigados como malfeitores. Condenados à morte se alegram como se tivessem lhe dado a vida.

Diogneto

Como se observa, as testemunhas que nos falam dos primeiros cristãos falam de pessoas que encontraram em Jesus um tesouro que transformou por completo as suas vidas, e isso era notável.

Onde quer que estivessem, com seu jeito de viver, chamavam a atenção naquela sociedade. Tinham dentro de si uma felicidade interior que abrangia e influenciava todas as facetas de sua vida, e isso todos notavam.

Chamava a atenção a forma em que enfrentavam as adversidades, os problemas e as preocupações. **O fato é que viviam unidos a Alguém que era seu tesouro, Jesus de Nazaré, o Filho de Deus. Nele haviam encontrado a salvação, o sentido de suas vidas, o caminho da felicidade plena.**

Para nós, cristãos do século XXI, devemos ter muito presente as seguintes perguntas: **Que tesouro nós encontramos em Jesus? Que efeitos Ele está produzindo em nós? O que os outros poderão observar em nós?**

Agora cada um desenhará um cofre numa pequena folha. Dentro escreverá quatro ou cinco palavras que resumam o testemunho de Jesus que escreveu anteriormente. Assim, nessas palavras estará condensada a essência de seu tesouro.

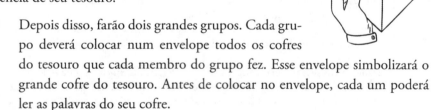

- Depois disso, farão dois grandes grupos. Cada grupo deverá colocar num envelope todos os cofres do tesouro que cada membro do grupo fez. Esse envelope simbolizará o grande cofre do tesouro. Antes de colocar no envelope, cada um poderá ler as palavras do seu cofre.

- Após terão que preparar cinco desafios para que o outro grupo os supere e consiga o grande cofre do tesouro, e vice-versa.

Poderão fazer esse jogo num pátio ou numa sala grande. Os desafios que cada grupo deverá preparar e dirigir para que o outro grupo faça são os seguintes:

1º desafio: ser testemunha da fé

Assim como as primeiras comunidades cristãs, vocês se comprometerão a ser testemunhas de fé, ser transmissores da fé com a própria vida, onde quer que estejam, com seu estilo de viver comprometido.

Formar duplas. Será entregue pelo catequista um balão para simbolizar a fé. Cada dupla ficará dez passos de distância uma da outra. Não poderão pegar o balão com as mãos nem com os braços. A primeira dupla, segurando o balão entre os dois, avançará até onde esteja outra dupla, e passará o balão para que esta dupla avance até outra dupla, e assim até o final. Se em algum momento o balão cair no chão, inicia-se a competição novamente. Somente haverá três tentativas.

2º desafio: o sopro do Espírito

> As primeiras comunidades cristãs, para serem testemunhas de fé, deixaram-se guiar constantemente pelo que o Espírito Santo as inspirava, e nele encontravam a força para seguir em frente, apesar das dificuldades.

Uma bola de pingue-pongue representará um cristão, um do grupo. O desafio consiste em fazer com que, com sopros, a bola se desloque 15 metros driblando três obstáculos. Não se pode tocar com a mão, nem com outro objeto. Juntos, com sopros, deverão fazer avançar até o lugar indicado.

Se houver algum lugar em que haja uma grande rampa de acesso para cadeira de rodas, poderão fazer a dinâmica na rampa. Trata-se de fazerem a bola subir, juntos, até o final da rampa.

3º desafio: o apoio da Palavra de Deus

> Os primeiros cristãos apoiavam-se na Palavra de Deus, alimentavam-se das palavras que Jesus havia dito. Faziam orações com elas. Não deixavam de recordá-las e eram seu ponto de apoio para caminhar pela vida.

Elaborar quatro perguntas cujas respostas tenham que procurar nos quatro evangelhos, ou seja, uma em cada evangelista. O outro grupo deverá responder dizendo a citação exata onde está a resposta.

4º desafio: viver em *comum-unidade*

> Viver em unidade, formando fraternidade, partilhando o que cada um é e tem, era algo revolucionário naquela sociedade do século I. Os cristãos, suas comunidades, tinham um grande poder de atração pela FRATERNIDADE que se vivia entre eles. Juntos tornavam possível e palpável o que parecia impossível, o Reino de Deus já aqui na terra.

Será entregue uma folha de jornal a cada um, para simbolizar o que cada um é e tem na vida, com os dons e capacidades que Deus lhe deu. Quando se partilha e se coloca a serviço dos outros para formar comunidade, o Reino de Deus se torna presente e avança.

O que se espera do grupo é que se mantenham unidos, e trabalhando como equipe, durante este desafio. Numa distância de 15 metros em linha reta, pisando somente em cima das folhas de jornal, sem deixar de estar em contato com sua própria folha de jornal, com as mãos ou com os pés, procederão da seguinte forma:

O primeiro deixa sua folha de jornal no chão e pisa nela, o segundo coloca-se sobre a folha do primeiro e deposita sua folha de jornal na frente, colocando-se sobre ela. O terceiro passa com cuidado pela folha do primeiro e do segundo, sempre sem tocar no chão, e coloca sua folha na frente para pisar sobre ela, e assim sucessivamente se avança com a colaboração e envolvimento de todos, até conseguirem chegar ao lugar indicado sem se separar da sua folha de jornal.

5º desafio: a força da oração

> Sem oração o cristão não pode viver, pois a oração nada mais é do que a constante relação de amizade que vivemos com Aquele que sabemos que nos ama a todo o momento. Quando se perde a oração, o cristão fica vazio, dispersa-se, perde o norte e fica longe do caminho da felicidade plena.

Baseando-se nessas ideias sobre a importância da oração, pense em um desafio que o grupo possa fazer. Seja criativo.

Depois que o primeiro grupo tenha superado os cinco desafios, o outro grupo dará seu grande cofre do tesouro para que abram e leiam as palavras. Depois disso, o segundo grupo deverá superar os cinco desafios.

Após a gincana comentar com todos as questões:

Na vida real, em nosso dia a dia, quais dos cinco desafios da gincana mais coloco em prática, e quais são mais difíceis de serem praticados? Por quê?

Para concluir, ler e comentar as citações bíblicas: Mt 13,44; 2Cor 4,7.
- O que elas sugerem?
- Como se pode relacioná-las com o que foi visto nesta oficina?
- O que elas querem dizer a vocês, que muito em breve receberão a Confirmação?

2 Prontos...

HISTÓRIA
A LOUCURA DE BUSCAR O BEM

Movido pelo Espírito de Deus, um homem se propôs a buscar a dignidade, a igualdade, o bem-estar e a paz para todas as pessoas do mundo.

Chamou o responsável da sociedade do bem-estar para que renunciasse às suas comodidades e luxos em favor dos pobres. Suplicou que reduzissem seu consumismo e gastos sem medidas. Porém, disseram-lhe:

— Aonde você vai, louco? Isso é impossível!

Chamou o responsável das fábricas de armas para que deixassem de fabricar a morte, e abandonasse o negócio da guerra. Porém, disseram-lhe:

— Aonde você vai, louco? Isso é impossível!

Chamou o responsável dos centros financeiros dos países desenvolvidos, para que não explorassem nem marginalizassem os países pobres, deixando-os na miséria. Pediu aos governos que transformassem o Terceiro Mundo em Primeiro Mundo. Porém, disseram-lhe:

— Aonde você vai, louco? Isso é impossível!

Chamou o responsável pela justiça, para que denunciasse e perseguisse as injustiças e as opressões que os grandes poderosos faziam. Mas voltaram a dizer-lhe:

— Aonde você vai, louco? Isso é impossível!

Por fim, só pôde fazer o que dependia dele. Fundou inúmeras obras em favor dos mais pobres e ajudou milhares de pessoas a sair da miséria. Conseguiu fazer tanta coisa sozinho, que todos ficavam espantados com tanta obra que havia feito em favor dos desfavorecidos.

Deram-lhe, em vários lugares, importantes prêmios em reconhecimento à sua obra humanitária. Era tanta a paz, a bondade e a felicidade que aquele homem demonstrava, que as sociedades de bem-estar e os grandes poderosos deste mundo pediram-lhe que ensinasse a fazer também o mesmo, pois viviam cheios de insatisfação e infelicidade. Mas aquele homem pôde dizer somente o seguinte:

— Primeiro terão que se converter e depois tornar possível o impossível... Aonde você vai, louco? Se isso é impossível!

IDEIAS PARA REFLEXÃO

Há 2.000 anos Jesus iniciou sua missão anunciando o seguinte: "o tempo chegou e o Reino de Deus está próximo. Convertam e creiam na mensagem de salvação". Alguns se converteram e o seguiram. Muitos outros o mataram. Hoje em dia Jesus continua repetindo o mesmo anúncio com o qual iniciou sua missão, e da mesma forma alguns ouviram sua Palavra e se converteram, e muitos outros continuam matando-lhe através dos inocentes que sofrem injustiças.

O mundo passou por grandes mudanças. Muitos continuam se empenhando para que seja possível mudá-lo. Outros se beneficiam de estruturas injustas, que causam desigualdades profundas entre seus irmãos. Mas quando aparece alguém que começa a tornar possível o que era impossível, fazendo o que estava caído a se levantar, o escravo a se libertar, os que viviam sem dignidade a ter dignidade com seus direitos, o mundo inteiro se espanta de forma hipócrita e faz homenagem por terem feito algo que ele não faz.

O Reino de Deus está próximo, tão próximo que basta começar a tornar possível o impossível para torná-lo presente entre os homens e mulheres de hoje. Assim como há 2.000 anos, tudo depende da atitude de cada um perante o mundo, que continuamente nos propõe: convertam-se e creiam no Evangelho, para poderem ser boa-nova para o mundo inteiro.

Questões para o diálogo

1) O que mudou no mundo desde a vinda de Jesus? Está igual a quando veio, está melhor ou pior quanto a ser humanitário?
2) Por que muitos não se interessam na mudança do mundo de hoje?
3) Por que o que seria possível eliminar deste mundo para que todos pudessem viver com dignidade se faz impossível?
4) Quais os frutos de conversão o mundo teria que dar para começar a mudar?
5) No que depende de você, no ambiente em que vive, quais as coisas impossíveis poderia tornar possíveis com seu compromisso cristão?
6) Quais as pessoas históricas dos séculos XX e XXI que você conhece, que tornaram possível o que parecia impossível? (considerando a personagem da história anterior). Faça uma lista delas. O catequista poderá apontar mais nomes que vocês não conhecem. Formem grupos e pesquisem sobre as pessoas que não conhecem. No próximo encontro de catequese partilhem com os colegas o que chamou atenção sobre a vida de alguma dessas pessoas.
7) No ano 2000, 189 chefes de Estados e governo assinaram a Declaração do Milênio das Nações Unidas e se comprometeram a cumprir os oito

Objetivos de Desenvolvimento do Milênio, como um primeiro passo para erradicar a fome e a pobreza. Propuseram o ano 2015 como data-limite em que esses objetivos deveriam ter se cumprido. Seguem os oito objetivos:

1) Erradicar a extrema pobreza e a fome.
2) Garantir que todas as crianças do mundo tenham educação básica de qualidade.
3) Promover a igualdade de gênero e a autonomia da mulher.
4) Reduzir a mortalidade infantil.
5) Melhorar a saúde das gestantes.
6) Combater a Aids, a malária e outras doenças.
7) Garantir a sustentabilidade do meio ambiente.
8) Formar uma Associação Mundial para o Desenvolvimento na qual a contribuição de todos promova a melhoria na qualidade de vida das pessoas menos favorecidas.

Propomos que façam um trabalho de pesquisa cujos resultados trarão para o próximo encontro do grupo. Procurem na internet informações sobre o que já foi cumprido e o que está sendo cumprido, quanto aos Objetivos do Desenvolvimento do Milênio. Pesquisem o máximo possível sobre isso. Qual é a situação atual de pobreza e desenvolvimento no mundo? Existe algum tipo de movimento ou mobilização social, ou campanha que lute contra a pobreza? O que fazem? O catequista poderá fornecer mais informações sobre isso se vocês não encontrarem.

No próximo encontro de catequese tragam todas as informações que conseguirem e partilhem no grupo. Comentem os dados e deem suas opiniões sobre o tema. Depois, como grupo de catequese, farão a seguinte pergunta: **O que podemos fazer diante disso?**

ATIVIDADE

VOCÊ É A NOTÍCIA

O catequista colocará sobre a mesa vários recortes de jornais e de revistas que mostrem a situação do mundo atual, com seus escandalosos contrastes de riqueza e miséria, bem-estar e pobreza. Simbolicamente terão o mundo sobre a mesa.

Porém, o catequista explicará que este mundo simbólico está incompleto porque falta o recorte de jornal que fale de suas vidas como boa notícia para a humanidade.

Cada um escreverá, num pedaço de papel, um esboço do que quer que seja sua vida, indicando pelo que mais lutará, e que sentido dará ao dinheiro, como será seu relacionamento com os outros, de que forma ajudará aos outros etc. Trata-se de escrever seu ***projeto de vida***. Quando terminar, colocará em comum e assim verá de que maneira poderá ser ***boa notícia*** para o mundo, pelo menos onde vive.

Seria uma boa notícia se você se colocasse a...

3   Já!

3.1 Já é a hora do compromisso

O Espírito Santo é a força de Deus que nos impulsiona a recriar, a colocar em prática em nossas vidas a conduta histórica de Jesus: ser testemunhas de Jesus e construir seu Reino, torná-lo presente.

Com a Confirmação, o Espírito Santo encarrega você desta missão: **ser testemunha da Boa Notícia de Jesus através de sua vida, com seu estilo de viver humanizador.** Quando tomamos decisões ou fazemos opções que nos levam a comportar-nos de uma forma humanitária, autêntica, por pequenos gestos que sejam, mostramos o autêntico rosto de Deus ao mundo, como fez Jesus de Nazaré. **Com sua grande humanidade revelou sua divindade aos discípulos.**

E, justamente, a opção de vida pelo que sofre, pelo necessitado, pelo que se encontra abatido, encontra-se o caminho de nossa autêntica humanização. Assim Jesus nos revelou com sua vida, sua morte na cruz e sua ressurreição. **Somente cresce como pessoa aquele que é sensível à dor e ao sofrimento de seus semelhantes e se doa, comprometido e a serviço do próximo querido, como o bom samaritano.**

Com a **Confirmação**, Jesus quer lhe dar o Espírito Santo para que seja uma pessoa realmente humana, humanizadora. Sozinhos não conseguimos, mas com a força do seu Espírito podemos vencer todas as raízes de desumanidade e egoísmo que possam haver em nós, e colocar "mãos à obra" para viver e praticar as palavras do Evangelho, as palavras de Deus.

Leia com atenção esta história

O palestrante

Um homem que havia dedicado toda a sua vida a serviço dos pobres foi convidado a dar uma palestra em uma prestigiosa universidade. O tema da conferência era o "Amor de Deus aos seres humanos". O salão estava cheio. Centenas de pessoas haviam ido para escutar o palestrante. Sua fala durou uma hora. Ao terminar, enquanto todos saíam, um dos que estavam no local disse a seu amigo ao lado:
– Este homem não disse nada de novo. Pensava que iria dizer alguma novidade, mas disse o que sempre se diz sobre esse tema. Até eu poderia ter dado essa palestra e dizer exatamente o mesmo que ele disse.

E o amigo que o acompanhava parou e disse:

– Não duvido que você mesmo poderia ter dado essa palestra com as mesmas palavras que ele. O que eu duvido é que você viva essas palavras como ele vive. A novidade não está nas palavras conhecidas que você ouviu, mas sim de quem as pronunciou. Alguém que vive e coloca em prática de verdade. Aí está a novidade. Poucos são os que praticam o que dizem acreditar.

O amigo não disse mais nada. Não haveria dúvida de que ele seria alguém que acredita, mas não um praticante.

Ideias para reflexão

Obras são amores e não boas intenções. Ser cristão praticante não consiste somente em ir determinadas vezes a um templo, recitar um credo ou cumprir certos preceitos. Ser cristão praticante significa **colocar em prática o amor que se recebe de Deus.** Esses são os verdadeiros praticantes, os que vivem o Evangelho de Jesus Cristo, de tal maneira que se transformam eles mesmos em boa-nova para os que os rodeiam.

São mensageiros de paz nas discórdias, de esperança nas amarguras, da verdade na confusão, de amor na desunião. Quando alguém se decide a colocar em prática a capacidade de amar aos outros como Deus ama, começa a escrever com sua vida e com sua entrega uma nova página do Evangelho para o bem de toda a humanidade.

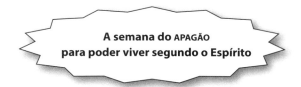

Proposta de compromisso pessoal

Propomos que faça uma experiência, ou seja, um compromisso pessoal: a semana do "APAGÃO". Consiste simplesmente em que durante os próximos seis dias faça esses apagões que agora propomos, para que neste tempo torne possível ao seu redor, e em si mesmo, um mundo mais fraterno e comprometido.

1) APAGÃO **do consumismo** para praticar o consumo responsável. Não comprar coisas supérfluas ou desnecessárias. Comprar produtos compatíveis com o meio ambiente, e, se possível, adquirir algum produto que venha do comércio justo.

2) APAGÃO **das palavras frias, duras ou distantes** para praticar palavras tranquilas, acolhedoras, fraternas, cordiais, amáveis, pacificadoras, com as pessoas com as quais irá conviver durante esta semana.

3) APAGÃO **do "tudo para mim"** para praticar e partilhar. Durante esta semana partilhe algo com os que estão ao seu redor, ou com alguém que necessite (tempo, qualidades, capacidades, coisas etc.). Dê algo a alguém.

4) APAGÃO **de ser massa de manobra, fazer o que todos fazem** para praticar o ser você mesmo. Dedique tempo a si mesmo. Pare para refletir: Qual o rumo de minha vida? Para onde irei? O que quero fazer de minha vida? Dedique diariamente um tempo para a oração.

5) APAGÃO **da indiferença e insensibilidade** para praticar e abrir os olhos e o coração para detectar o sofrimento que há em seu redor, fazendo a sua parte para ajudar solidariamente.

6) APAGÃO **do individualismo** para praticar e abrir-se aos que estão ao seu lado e gerar convivência, diálogo, fraternidade... para não viver fechado em seu mundo, para não usar ou manipular a ninguém de acordo com seu próprio interesse ou benefício.

Escreva em seu "diário" as frases ou ideias desta oficina que você considera mais importantes, e que jamais gostaria de esquecer em seu ser cristão. Destaque também algo que tenha descoberto durante esta oficina, ou que tenha chamado sua atenção e tenha feito você pensar. Por último, partilhe o que escreveu com os colegas do grupo.

Se colocar isso em prática... demonstrará que **OUTRO ESTILO DE VIVER É POSSÍVEL**. Observe o que torna realidade nesses seis dias, e pode prolongar sua prática durante mais tempo, para que o **APAGÃO** possa dar lugar a uma nova era... onde todos sejamos e nos sintamos realmente **IRMÃOS**, saboreando já aqui na terra o Reino dos Céus.

Para percorrer o caminho de ser testemunhas de Jesus e de seu Reino, não esqueça das palavras que Ele disse a você pessoalmente para se preparar para sua Confirmação.

Procure e leia as citações: Jo 7,37-39; 20,21; Mc 16,15; Mt 28,20; Mt 13,33.

3.2 A bússola da conduta cristã

Peguem a bússola que vocês confeccionaram na segunda oficina (anexo 2, p. 210), e, com ela na mão, repassem todos os conteúdos que trabalharam nesta sétima oficina. *O Espírito Santo nos transforma em testemunhas de Jesus e de seu Reino.*

Das virtudes evangélicas que aparecem nesta bússola, anotem aquelas imprescindíveis para serem testemunhas autênticas de Jesus, que colocam em prática o que acreditam, tornando possível ao seu redor um mundo mais fraterno e solidário, tornando palpável o Reino de Deus. Trata-se de selecionar as que estão diretamente relacionadas com os conteúdos desta oficina. Em seguida, explique por que escolheram tais virtudes. Elas serão a pauta que lhe indicará o caminho a seguir como discípulo de Jesus, para **SER sua TESTEMUNHA.**

3.3 O dom da fortaleza para viver meu ser cristão na Igreja de Jesus

Esse dom do Espírito Santo nos concede força, valentia e coragem para ser testemunha de Jesus e de seu Reino neste mundo, colocando em prática tudo o que vimos nesta oficina.

Hoje em dia, em nossa sociedade, em seu entorno, o mais próximo de você, faltam pessoas VALENTES, COERENTES, COMPROMETIDAS com a tarefa de tornar possível um mundo mais humano, mais justo, fraterno e solidário. Faltam pessoas que sigam contra a corrente, com um jeito de viver que mostre com as obras, mais do que com as palavras, como e quem é Deus-*Abba*. Faltam pessoas que vivam O QUE ACREDITAM, pessoas profetas, que com sua vida sejam luz e esperança de que é POSSÍVEL viver de outro jeito, sendo TESTEMUNHAS do EVANGELHO, testemunhas e construtores da felicidade.

O dom da fortaleza nos ajudará a sermos fiéis e perseverantes na fé, na CONFIANÇA PLENA em Deus, sem deixarmos nos levar pelo desânimo, pelo desleixo, pela falta de vontade, pelo que dizem, pelo que faz a maioria.

A fortaleza é atitude de quem se mostra firme e constante em seus propósitos e convicções, no compromisso de fazer a vontade de Deus, porque nele se encontra o melhor caminho para a felicidade para si e para os que o rodeiam.

O Espírito Santo, com esse dom, nos faz superar as dificuldades, nos livrar dos perigos, enfrentar os problemas que surgem por nos comportarmos como cristãos comprometidos, cristãos que vivem o que acreditam.

Esse dom nos dá a força de Deus para viver e anunciar o Evangelho de Jesus, sem medo nem complexos, transformando-nos em testemunhas corajosas e que se arrisquem, se for necessário.

Os dons do Espírito Santo somente crescem, desenvolvem-se e agem quando se tem uma vida de oração, uma vida espiritual constante.

> *Questões para o diálogo*
>
> 1) Por que você acha que necessitamos do dom da fortaleza?
> 2) Quais são os momentos ou circunstâncias de nossa vida cotidiana em que é mais difícil de ser feliz e continuar firme na fé? O que nos pode ajudar nesses momentos?
> 3) Como se nota que você é cristão? Você se posiciona como cristão perante os outros?

3.4 Para a sua celebração dominical

Na celebração do próximo domingo, onde sempre participam como grupo de confirmação, ou individualmente, será o momento de **dar graças** a Deus **por tudo o que Ele está fazendo em você(s). Agradeça por cada um do grupo,** dizendo seus nomes, pedindo a Deus que cada um prepare seu coração para acolher esse dom do Espírito Santo e o cultivar a cada dia. Assim como você está orando por eles, eles também estarão orando por você.

- Peça a Deus que dê a você e seus colegas força e luz para colocar em prática em suas vidas tudo o que trabalharam e descobriram nesta oficina.

> Peça perdão na próxima Eucaristia pelos momentos que você não corresponde ao que Jesus lhe propõe no Evangelho ao deixar se levar ou vencer pelo seu egoísmo, que lhe faz fechar-se em si mesmo, isolando-se dos outros e do Deus de Jesus, o *Abba*, que **ama você tal como você é, independente do que você faça.**
>
> E se precisar sentir de coração o abraço e o calor da presença de Deus, que sempre está em você para perdoar-lhe e recompor o que está desordenado em seu interior, recorra ao Sacramento da Reconciliação. Irá descobrir que, do mesmo jeito que na Parábola do Filho Pródigo, ***Deus já o perdoou antes mesmo que você pedisse, e quer ir ao seu encontro para devolver-lhe o que havia perdido: a paz e a alegria de coração***. Assim terá de volta a festa que Deus sempre quis que existisse em seu interior... porque Ele **SEMPRE** está com você e tudo o que é dele **É SEU**.

Lute com todas as suas forças para que **NADA** nem **NINGUÉM** destrua a alegria e a paz que Deus, *Abba*, lhe dá de presente a cada segundo em seu coração. Nunca se deixe manipular, Deus quer você livre.

> Que sua próxima Eucaristia seja realmente uma festa onde celebre que Deus quer enriquecer você com seus dons, para que descubra sua vocação a serviço da Igreja em nosso mundo, para que viva feliz e contagie outros semeando vida ao seu redor. Assim antecipará, já aqui na terra, a vida eterna prometida para todos.

3.5 Já é o momento de orar juntos

Vamos pedir a Deus, neste momento de oração, que nos dê a força do Espírito Santo para que possamos colocar em prática nossos compromissos. Queremos ser cristãos de verdade.

1) Iniciamos a oração fazendo o sinal da cruz.
2) Juntos fazer a oração para invocar o Espírito Santo (anexo 1, p. 209).
3) Um catequizando dirá estas palavras de Jesus:

   "Onde dois ou mais estão reunidos em meu nome, ali estou eu no meio deles".

4) Dois catequizandos colocarão no centro de onde estão reunidos uma imagem de Jesus e uma vela acesa, como símbolo de sua presença.
5) Um outro catequizando lerá uma das citações evangélicas que aparecem nesta oficina, aquela que o grupo escolher.
6) Deixam-se uns minutos de silêncio, de 9 a 10 minutos, para que cada um escreva uma carta para Jesus, em seu "diário", dizendo o que descobriu de mais importante nesta oficina. Poderão comentar o momento que mais gostou no grupo, como se sentiu, podendo agradecer ou pedir, ou outra coisa que sinta vontade de dizer.
7) Quem quiser poderá ler neste momento o que escreveu em sua carta.
8) Lerão todos juntos esta oração:

É hora de ser tua testemunha, Senhor Jesus.
É hora de construir juntos o Reino de Deus,
tornar possível um mundo mais justo,
fraterno e solidário.
É hora de viver como irmãos.
É hora de continuar unidos semeando a paz.
É hora de viver em harmonia,
com laços de irmandade, de comunhão.

É hora de ser tua testemunha
onde teu amor está ausente.
É hora de ser tua testemunha
onde se vive a mentira.
É hora de ser tua testemunha
onde a liberdade está atada.
É hora de ser tua testemunha
onde se necessita o perdão.
É hora de ser tua testemunha
onde a tristeza é grande
É hora de ser tua testemunha
onde se acusa e ameaça a um irmão.
É hora de ser tua testemunha
onde se rompeu a esperança.

É hora de ser tua testemunha
onde a mentira mata a razão.
É hora de ser tua testemunha
onde as injustiças clamam ao céu.
É hora de ser tua testemunha
onde impera a lei do mais forte.
É hora de ser tua testemunha

onde alguém vive oprimido.
É hora de ser tua testemunha
onde as pessoas são exploradas.
É hora de ser a tua testemunha
onde o egoísmo machuca.
É hora de ser tua testemunha
onde a fome tem total liberdade.

É hora de ser tua testemunha
unidos como um só povo, na Igreja.
É hora de ser tua testemunha
servindo ao humilde, ao pobre, ao esquecido.
É hora de ser tua testemunha
da cruz salvadora no mundo.
É hora de ser tua testemunha
da Ressurreição com minha vida renovada,
contra a corrente, comprometida,
plena do Espírito.

Jesus, testemunha do amor do Pai,
coração de seu coração.
Jesus, amigo e irmão de todo ser humano,
daquele que está oprimido.

Dai-nos a força de teu Espírito Santo,
teu Espírito de Amor,
para que Ele anime nosso compromisso
de mudança no mundo, para tornar possível
uma sociedade mais justa, fraterna e solidária.
É hora de tornar possível outro mundo.

9) De mãos dadas, para se sentirem irmãos, rezarão juntos a oração do Pai-nosso que Jesus ensinou aos seus discípulos.

OFICINA 8

A celebração da Confirmação e o significado dos ritos.

A celebração da Confirmação e o significado dos ritos

APRESENTAÇÃO

 Já estamos nos aproximando de nossa Confirmação. Estamos nos preparando há algum tempo para receber este sacramento. Mas como saber se estamos preparados? A melhor forma de saber é fazendo esse teste: reze esta oração para Jesus.

> Jesus, Tu não tens mãos.
> Tens somente nossas mãos para construir
> um mundo onde habite a justiça.
>
> Jesus, Tu não tens pés.
> Tens somente nossos pés
> para praticar a liberdade e o amor.
>
> Jesus, Tu não tens lábios.
> Tens somente nossos lábios para anunciar
> pelo mundo a Boa-nova aos pobres,
> aos que sofrem, aos abatidos, aos marginalizados,
> e a quem vive ao nosso lado.
>
> Jesus, Tu não tens meios.
> Tens somente nossa ação para conseguir
> que todos sejamos irmãos.
>
> Jesus, somos teu Evangelho, tua Boa-nova.
> O único Evangelho que a gente pode ler
> se nossas vidas são obras e palavras eficazes.
>
> Jesus faz com que sejamos Evangelho
> para os pobres, os esquecidos,
> os desprezados, os excluídos
> experimentarem teu Amor,
> e todos contribuamos na construção do Reino de Fraternidade.

Se ao ler esta oração terá sentido como sua, identificando-se com tudo o que ela diz... PARABÉNS porque o Reino de Deus já está dentro de você. Está pronto para receber o Espírito Santo que tornará você, plenamente, membro da comunidade cristã e dará força e coragem para tornar realidade o Reino ao seu redor.

Vamos agora saber detalhadamente como é a celebração da Confirmação e o significado de seus ritos. Desta maneira você terá mais consciência do presente que receberá de Deus na comunidade cristã a qual pertence.

Através do bispo, Deus confirmará o que você recebeu no seu Batismo, e dará plenamente o Espírito Santo, assim como fez aos seus discípulos no dia de Pentecostes. A partir desse momento pertencerá consciente e plenamente à grande família dos discípulos de Jesus, na Igreja, sendo enviados ao mundo como APÓSTOLOS. Por isso, o bispo estará presente como responsável da sua Igreja local, a diocese à qual você pertence.

- Como preparação cada um escreverá uma carta em papel sulfite ou folha de caderno expressando o significado da Confirmação em sua vida. Para escrevê-la oriente-se pelos seguintes pontos:

  - O que significou para você o caminho percorrido no grupo de catequese, o que exigiu de você e com que interesse participou do grupo de preparação para a Confirmação.
  - Explique os motivos de seu desejo de ser confirmado/crismado, tendo consciência do compromisso da fé cristã que recebeu em seu Batismo quando criança.
  - Descreva o que significa para você ser cristão, até que ponto se sente unido a Jesus, e quer se comprometer em tornar possível, ao seu redor, um mundo mais digno, mais fraterno, mais humano.
  - Expresse seu convencimento de que sem a ajuda e a força de Deus, sem seu Espírito, não poderá fazer nada. Necessita de sua presença em você para ir contra a corrente e ser você mesmo, vivendo o estilo de vida de Jesus.
  - Mostre seu desejo de ser plenamente membro da comunidade dos que têm fé. Fale por que precisa se integrar e participar na comunidade cristã para viver sua fé.

- Depois de concluir o trabalho, poderá colocar em comum o que escreveu e realizar junto com seus colegas duas sugestões:

a) Confeccionar juntos uma única carta, e para cada item utilizar, resumidamente, as ideias que terão expressado em suas cartas individuais. Sigam as instruções do catequista.
b) Se por acaso tiver uma carta de um dos membros do grupo que resuma todas as cartas, necessitando apenas revisar ou acrescentar algum ponto, poderão escolhê-la, seguindo a orientação do catequista.

A carta que representa o sentimento do grupo, expondo os motivos pelos quais querem ser confirmados/crismados, poderá ser lida na celebração de Confirmação. As demais cartas poderão ser entregues ao bispo no momento do ofertório da celebração.

2 Ritos da Confirmação

O Sacramento da Confirmação se administra normalmente durante a celebração eucarística, após a homilia feita pelo bispo.

2.1 Homilia do bispo

Nela serão dirigidas palavras de incentivo e ânimo para seguirem com firmeza pelo caminho de Jesus, já que, com este sacramento, irão receber a força do Espírito Santo, assumindo publicamente o compromisso de serem testemunhas de Jesus e de seu Reino neste mundo.

2.2 Renovação das promessas batismais

Depois da homilia do bispo, vem o momento em que farão a renovação das promessas batismais.

No dia de seu Batismo essas promessas foram feitas por seus pais em seu nome. Agora vocês irão fazer pessoal e conscientemente, de forma pública perante a comunidade cristã reunida. Através delas irão professar a sua fé, ou seja, dirão publicamente qual é a sua fé em que acreditam e como estão dispostos a viver.

Para conhecer leia e medite o texto do roteiro de renovação das promessas batismais, que é adaptação de um dos ritos da celebração de Confirmação.

- Está disposto a lutar contra o pecado que se manifesta, dentre outras coisas, no egoísmo, na inveja, na vingança, na mentira, no pensamento em si mesmo, no desinteresse pelos outros e especialmente pelos que sofrem?
- **Sim, estou disposto.**
- Está disposto a perdoar quando lhe façam injúria, amar inclusive os que não lhe amam, ajudar a quem necessite, seja quem for, colocar sua vida a serviço de um mundo mais digno para todos, sem distinção alguma?
- **Sim, estou disposto.**
- Crê em Deus, Pai todo-poderoso, criador do céu e da terra?
- **Sim, creio.**
- Crê em Jesus Cristo, seu único Filho, Nosso Senhor, que nasceu da Virgem Maria, morreu, foi sepultado, ressuscitou dentre os mortos e está sentado à direita do Pai?
- **Sim, creio.**
- Crê no Espírito Santo, Senhor e doador de vida, que hoje será enviado de modo singular pelo Sacramento da Confirmação/Crisma, assim como foi enviado aos apóstolos no Dia de Pentecostes?
- **Sim, creio.**
- Crê na santa Igreja Católica, na comunhão dos santos, na remissão dos pecados, na ressurreição dos mortos e na vida eterna?
- **Sim, creio.**
- E, de acordo com o Evangelho de Jesus Cristo, confiará sempre em Deus, em todas as circunstâncias da vida?
- **Sim, confiarei.**
- Tratará a todos como seus irmãos, sem fazer distinção por razões de cultura, modo de pensar, origem ou nível econômico?
- **Sim, tratarei.**
- Quer viver como Jesus Cristo viveu?
- **Sim, quero.**
- Trabalhará para que chegue a todos os homens e mulheres a vida e a salvação de Deus?
- **Sim, trabalharei.**

Esta é a nossa fé. Esta é a fé da Igreja, que glorificamos de professar em Cristo Jesus, Nosso Senhor.

Extraído do caderno *Celebrar a Crisma*. Ed. Centro de Pastoral Litúrgica.

Como observam, são perguntas que terão que **responder com sinceridade, de coração**, porque deverão sentir de verdade. Para que tenham mais consciência das respostas que darão, propõe-se que façam o seguinte trabalho de reflexão.

Considerando as perguntas que o bispo fará, escreva em seu "diário" porque responderá sim, porque acredita em tudo isso e porque está disposto a viver dessa maneira que se propõe. Depois de ter feito, partilhe com o grupo.

> *Desta forma, com suas próprias palavras, estará fazendo sua própria confissão de fé. Assim, no dia da sua Confirmação, quando responder ao bispo dizendo: "sim, estou disposto", "sim, creio", " sim, confiarei" etc., por trás dessas palavras estará condensada, resumida, sua vivência da fé e tudo o que isso implica a sua vida. Não serão palavras vazias, nem somente para ficar bem perante os outros.*

2.3 Invocação ao Espírito Santo

Depois da renovação das promessas batismais em que fazemos a profissão de nossa fé, o bispo vai impor as mãos e invocar o Espírito Santo sobre todos os catequizandos.

A imposição das mãos é um gesto que vem da Igreja Antiga, das primeiras comunidades cristãs. Significa que o Espírito de Deus desce para proteger e transformar as pessoas.

> O bispo invoca assim a efusão do Espírito Santo:
> *"Deus todo-poderoso, Pai de Nosso Senhor Jesus Cristo, que pela água e pelo Espírito Santo fizestes renascer estes vossos servos, libertando-os do pecado, enviai-lhes o Espírito Santo Paráclito, dai-lhes, Senhor, o espírito de sabedoria e inteligência, o espírito de conselho e fortaleza, o espírito da ciência e piedade e enchei-os do espírito de vosso temor. Por Jesus Cristo Nosso Senhor".*
>
> *Catecismo da Igreja Católica*, n. 1.299

Com a imposição das mãos que o bispo faz, e a oração de invocação ao Espírito Santo, expressa-se também que o próprio **Deus impõe sua mão protetora sobre você e o acompanhará** SEMPRE **e em todos os momentos nos caminhos de sua vida. Deus quer reinar dentro de você, em seu coração, para que nunca tenha medo de nada porque estará com você. E Ele quer que seja único, você mesmo, livre.**

2.4 A imposição das mãos

Neste momento cada um de vocês, acompanhados por seu padrinho/madrinha, se apresenta diante do bispo.

Ele lhes imporá suas mãos sobre a cabeça e orará em silêncio por cada um. Assim, o Espírito Santo é invocado sobre vocês para que se realize em cada um o que for mais conveniente para seu bem, e para que alcance a verdadeira felicidade em sua vida.

O Espírito Santo trabalha e atua em cada um de forma distinta, de acordo com a situação pessoal e necessidade de cada pessoa. Cada um receberá a força necessária para chegar a ser autêntico e viver a vida de forma plena e feliz, com a missão de dar testemunho de Jesus e de seu Reino. E tudo isso na medida em que cada um se deixa conduzir pelo Espírito Santo, confiando nele.

A imposição das mãos, em silêncio, é um rito intenso que impressiona a todos os que se abrem a Ele e são receptivos.

A Sagrada Escritura e a imposição das mãos é sinal de bênção. Mas, sobretudo, esse gesto expressa que se confia uma missão sagrada a quem se impõem as mãos, e que se dá uma ordem de envio para cumpri-la.

Vocês, ao se confirmarem/crismarem, receberão a missão de confessar e defender a fé. São enviados ao mundo para testemunhar Cristo e seu Evangelho entre as pessoas, tornando presente, com suas obras e atitudes, o Reino de Deus (At 8,14-17).

2.5 A Confirmação

Depois da imposição das mãos e a oração silenciosa, o bispo os unge com o óleo do crisma na testa, enquanto diz:

"(nome do crismando), *receba por este sinal o dom do Espírito Santo*".

Ungir com o óleo santo é ungir com o óleo perfumado consagrado pelo bispo na Quinta-feira Santa, durante a missa dos santos óleos. É um óleo composto de azeite de oliva e de bálsamo (essência de plantas aromáticas).

O azeite, além de servir para temperar alimentos, era utilizado antigamente para curar feridas. Os atletas e lutadores ungiam seus corpos com azeite, assim o corpo adquiria maior agilidade e era capaz de maior rendimento. O azeite também significava, naquela época, abundância e alegria, força e beleza. Também o bálsamo com azeite era um elemento cosmético na Antiguidade, que servia como perfume.

Todos esses significados e utilidades do azeite com bálsamo querem expressar, simbolicamente, o amor de Cristo que deve impregnar o confirmando/crismando, que deverá expandir e irradiar ao seu redor suas boas obras perante seu compromisso para tornar possível o Reino.

E por último, sendo o mais importante, a unção com o óleo do crisma durante a Confirmação interpreta-se como **um carimbo, uma marca, que Deus imprime em você para indicar que pertence a Ele**. Significa que levará adiante a assinatura de Deus perante os outros: **VOCÊ É DELE, E ESTÁ SOB SUA PROTEÇÃO E AMPARO FRENTE A QUALQUER DIFICULDADE OU PROBLEMA.**

Com esta marca, com este selo do Espírito Santo que Deus imprime em você, será fortalecido para o combate da vida. Não deverá temer nenhum perigo, nem ao espírito do mundo que, às vezes, lhe rodeará e tentará. É de Deus, e com Ele em você nada deverá temer.
Procure 2Cor 1,21; 14–15.

2.6 O padrinho ou a madrinha

Durante a imposição das mãos e a unção com o óleo, não estão sozinhos. O padrinho ou a madrinha estará com vocês, com a mão direita sobre seus ombros e dirão seus nomes ao bispo.

O padrinho ou madrinha são essenciais no ritual da Confirmação. O padrinho/madrinha é uma forma simbólica de tornar visível em sua vida o Espírito Santo como defensor e protetor.

O padrinho/madrinha será alguém que o apoiará, alguém a quem poderá recorrer para se manter firme nas dificuldades e adversidades, alguém que sempre estimulará para se arriscar no combate da vida.

Durante o ritual da Confirmação, seu padrinho/madrinha colocará a mão direita sobre seu ombro. O ombro é uma região de energia, de força. Ao colocar a mão sobre seus ombros é como que estivesse transmitindo essa mensagem:

"Que bom que você está aqui. Tem uma força interior que Deus lhe deu. Alcançará a felicidade verdadeira com a ajuda do Espírito Santo. Seja fiel a si mesmo, siga seu caminho... e nunca deixe de CONFIAR nele!"

Com a mão no ombro, o padrinho/madrinha também está dizendo que não está sozinho, que têm muitas pessoas que amparam você, que vão pela vida com você e que sempre poderá contar com elas (pais, irmãos, familiares, amigos de verdade, sua comunidade cristã). E essas pessoas que caminham com você pela vida podem **EXPERIMENTAR**, alguma vez, a força do Espírito, que através delas lhe conforta e anima quando se sente abatido e sem ânimo.

> Depois de tudo isso você já sabe com mais detalhes a missão que seu padrinho/madrinha tem em sua Confirmação. Não é alguém que somente vai ocupar um lugar durante o rito, mas uma pessoa que se **COMPROMETERÁ** com você para acompanhar seu caminho de fé, e tudo o que possa necessitar para crescer e se desenvolver como pessoa e como cristão, alguém com quem você pode confiar e recorrer sempre que precisar.

Você deve considerar tudo isso quando escolher seu padrinho/madrinha. Depois de ter escolhido, poderá apresentar o conteúdo deste item para o padrinho/madrinha para que ele/ela leia e comente se está disposto a assumir este compromisso. **Assim, no dia de sua Confirmação, a mão dele/dela em seu ombro não será um símbolo vazio, mas será carregado de significado porque é reflexo de um compromisso.**

2.7 *O momento da paz*

Depois de receber a Crisma, o bispo lhe dará um abraço de paz. Durante este abraço o bispo o acolhe como membro pleno da Igreja. Sua comunidade cristã se alegra porque pertencerá plenamente a ela, aceita-lhe com sua singularidade irrepetível, e se alegra por poder enriquecê-la e melhorá-la com os dons e as capacidades pessoais que Deus colocou em você.

Com esta saudação de paz termina o rito da Confirmação.

2.8 *As preces*

Frente ao sacramento que acabam de receber chega o momento de fazer suas preces ou pedidos a Deus. **O que pediria a Deus neste dia tão especial de sua Confirmação**?

A seguir terão um modelo de preces para que, se acharem apropriadas, ou baseando-se nelas, poderão ampliá-las ou melhorá-las. Também poderão acrescentar outras que acreditem ser necessárias, com a ajuda do catequista. Desta maneira já terão as preces preparadas para este dia.

a) Senhor da Vida, nós te pedimos por nós, que hoje fomos confirmados com o dom do Espírito Santo. Ajuda-nos a viver intensamente nossa fé, e a sermos tuas testemunhas com nosso modo de viver e agir, para assim tornarmos presente o Reino de Deus que Tu vieste iniciar. Roguemos ao Senhor.

b) Senhor da Vida, queremos pedir-te por nossos pais e padrinhos, por nossos catequistas, por nosso padre e por toda a comunidade cristã reunida hoje na festa de nossa Confirmação, para que com suas palavras de ânimo e conselho, e com o exemplo de seu estilo de viver, nos ajudem a crescer em nossa caminhada cristã. Roguemos ao Senhor.

c) Senhor da Vida, nós te pedimos pelo bispo (nome) que nos crismou, e por todos os bispos, para que realizem sua missão na Igreja, movidos sempre pela força e guiados pelo Espírito Santo, e assim sejam sempre portadores de confiança, de esperança e de amor aos mais pobres e esquecidos. Roguemos ao Senhor.

d) Senhor da Vida, nós te pedimos por todos os cristãos, para que a força de teu Espírito os impulsione a serem construtores e contagiadores de fraternidade, de solidariedade e de paz onde quer que se encontrem, para assim tornar presente o Reino de Deus. Roguemos ao Senhor.

e) Senhor da Vida, queremos pedir por todos os nossos amigos, por nossos colegas da escola e do bairro, para que sintam a alegria de viver a fé, a alegria de conhecer e seguir a Jesus. Roguemos ao Senhor.

f) Senhor da Vida, nós te pedimos por todos os que hoje em dia sofrem pela pobreza, pela injustiça, por quem não tem seus direitos humanos respeitados, por quem não tem uma vida digna ou vive na rua. Pedimos por todos que padecem da fome, por todos que são vítimas da violência e dos maus-tratos, pelos que sofrem desamparo e esquecimento, para que encontrem em ti fortaleza, paz e consolo, e em nós encontrem acolhida, fraternidade e compromisso solidário. Roguemos ao Senhor.

g) Senhor da Vida, nós te pedimos pelos governantes deste mundo, pelos que têm o poder econômico, por quem tem maior responsabilidade no funcionamento da sociedade, para que tornem possível um mundo mais justo, fraterno e solidário, onde se erradique de uma vez por todas a pobreza, a fome e a falta de direitos. Roguemos ao Senhor.

3 A celebração da Reconciliação

Estamos muito próximos de nossa Confirmação. Queremos ser cristãos autênticos, seguidores de Jesus que tocou em nosso coração e nos deu sua amizade. Por isso queremos tirar de nós mesmos tudo aquilo que possa romper nossa amizade com Ele.

Quando alguém é realmente importante para nós, preocupamo-nos em não romper essa relação de afeto e amizade que temos.

Por isso propomos esta celebração da Reconciliação, onde, depois de revisar nossa própria vida, pediremos perdão a Jesus por tudo aquilo que não funciona bem em nós, por todos aqueles comportamentos e atitudes que provocam sofrimento aos outros, por nosso egoísmo, por descuidar, às vezes, de nossa amizade com Jesus que nos impede de viver o estilo de vida dele proposto em seu Evangelho, fazendo o que a maioria faz etc.

Para fazer a revisão de vida convidamos vocês a fazer com calma uma passada geral em cada uma das oficinas que trabalhamos nos dois livros de preparação para Confirmação, e analisar a proposta para ser cristãos autênticos, em que falharam conscientemente, em quais comportamentos ou atitudes não têm sido amigos e seguidores de Jesus.

Pedir perdão a Jesus por tudo é a melhor forma de se preparar para receber o Sacramento da Confirmação, porque queremos tirar de nós tudo aquilo que nos afasta dele, dos outros e do que somos chamados a ser.

Antes de participar desta celebração da Reconciliação, dedique um tempo em casa para fazer esta revisão de sua vida, de forma tranquila e serena.

Guia para celebrar a Reconciliação

INÍCIO

Catequista: Já faz um tempo que estão caminhando. Caminhando com os colegas do grupo e com todos os que ajudaram na preparação para a Confirmação. Caminhando com Jesus, que está dentro de vocês, acompanhando-lhes, dando-lhes sua amizade e seu apoio incondicional.

Terão descoberto a força do Espírito Santo em vocês e a missão do Reino ao qual são enviados. Mas neste caminho também terão visto obscuridades. Muitas coisas deveriam ser diferentes em nosso redor. Em nosso mundo deveria haver muito mais justiça, muito mais fraternidade, muito mais solidariedade.

E nós também deveríamos ser diferentes, mais fraternos, mais solidários, mais coerentes. Há coisas em nós que outros não gostam e também nos fazem viver na obscuridade.

Hoje estamos aqui porque queremos a luz de Jesus em nós. Queremos olhar dentro do nosso interior e reconhecer nossa debilidade, nosso pecado, que contribui para que este mundo em que vivemos fique mais distante do Reino de Deus.

Queremos comprometer-nos a ser, verdadeiramente, seguidores de Jesus e não nos deixarmos enroscar pela teia de aranha deste mundo, que constantemente nos convida a cair no egoísmo, e tudo aquilo que nos afasta dos outros, de nós mesmos e de Deus.

Neste momento alguns colegas deverão entrar com um painel onde esteja desenhada uma grande teia de aranha em que esteja escrito a palavra EGOÍSMO.

ORAÇÃO INICIAL

Sacerdote

Pai cheio de amor, Senhor da Esperança:

Tu nos chamas da obscuridade à luz,

Tu nos queres ativos, renovados, vivos,

distantes de tudo o que seja prisão e morte.

Vens a nós, Pai:

olha o mal que está em nós,

o mal que reconhecemos e queremos combater,

e dai-nos o perdão, a graça, a força de teu Espírito.

Por Jesus Cristo, Nosso Senhor.

PROCLAMAÇÃO DA PALAVRA

Leitor 1 proclama a 1ª leitura: 1Jo 4,7-11.19-21
Sacerdote proclama o Evangelho: Mt 22,34-40

Depois da Proclamação da Palavra de Deus, o padre fará um pequeno comentário sobre a mesma.

DIÁLOGO PENITENCIAL

Sacerdote: Vamos todos juntos pedir perdão a Deus. Invoquemos a Jesus, nosso irmão, que estende sempre sua mão para nos ajudar a seguir adiante e ser mais feliz. A cada frase, todos responderão dizendo: "PERDOAI-NOS, SENHOR".

Leitor 1: Tu, Jesus, és nossa luz.
Todos: PERDOAI-NOS, SENHOR.

Leitor 2: Tu, Jesus, nos olhou com amor.
Todos: PERDOAI-NOS, SENHOR.

Leitor 1: Tu, Jesus, tocou nosso coração e nos transformou.
Todos: PERDOAI-NOS, SENHOR.

Leitor 2: Tu, Jesus, está sempre junto conosco.
Todos: perdoai-nos, senhor.

Leitor 1: Tu, Jesus, nos ensina a amar de verdade.
Todos: PERDOAI-NOS, SENHOR.

Leitor 2: Tu, Jesus, nos ensina a não fecharmos em nós mesmos nem em nosso grupo de amigos.
Todos: PERDOAI-NOS, SENHOR.

Leitor 1: Tu, Jesus, nos ensina a permanecer muito abertos às necessidades dos outros, especialmente daqueles que mais precariamente vivem.
Todos: PERDOAI-NOS, SENHOR.

Leitor 2: Tu, Jesus, nos ensina a não ter olhos fixos em nosso bem-estar, em nossa vontade de aparecer.
Todos: PERDOAI-NOS, SENHOR.

Leitor 1: Tu, Jesus, nos ensina a ter um espírito muito aberto, muito generoso, muito solidário.
Todos: PERDOAI-NOS, SENHOR.

Leitor 2: Tu, Jesus, nos dá o teu Espírito.
Todos: PERDOAI-NOS, SENHOR.

Sacerdote: Agora, unidos com Jesus, dirijamo-nos a Deus nosso Pai-*Abba* com a oração dos filhos de Deus, a oração que o próprio Jesus nos ensinou: Pai nosso...

MOMENTO DAS CONFISSÕES INDIVIDUAIS
Catequista

Deus quer nos dar o seu perdão individualmente. Quer nos inundar com sua paz e alegria. Para todos que necessitam sentir seu abraço de perdão, é agora o momento de se confessar com o padre.

Quem participar deste Sacramento da Reconciliação, quando receber o perdão sacramental de Deus através do padre, antes de se sentarem em seus lugares, irão onde está o painel da teia de aranha e rasgarão um pedaço de papel dela, amassarão e jogarão no cesto de lixo. Isso simboliza a vontade e compromisso de não se deixar levar pela teia de aranha do egoísmo, e tudo aquilo que nos afasta dos outros, de Deus e de nós mesmos.

Durante as confissões, coloca-se música ambiente, ou algumas canções que possam ajudar neste momento.

Sacerdote: Deus que é Pai-Mãe nos deu o seu perdão e encheu nosso coração de paz. Deus quer que essa paz circule entre nós para que vivamos sempre em paz. Agora vamos dar a paz uns aos outros, dando um abraço de paz.

ORAÇÃO FINAL
Sacerdote
> Pai, nós te damos graças,
> porque fazes coisas admiráveis em nós:
> com teu perdão nos devolves a paz e a alegria;
> com tua palavra nos convidas a permanecer sempre em tua amizade.
> Concede-nos que, com a força de teu Espírito,
> sejamos capazes cada vez mais, cada dia,
> de viver sempre em tua amizade,
> de viver e praticar a fraternidade,
> de comprometer-nos em tornar possível um mundo melhor,
> o Reino de Deus.
> Por Jesus Cristo Nosso Senhor. Amém.

Sacerdote
> *Conclui com a bênção e despedida.*

OFICINA 9

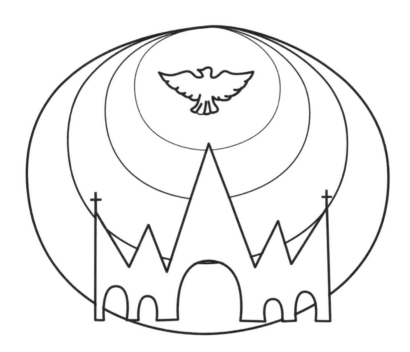

Preparamos a nossa celebração para receber o Sacramento
da Confirmação

1 Apresentação

Assim como preparamos todos os detalhes de uma festa, vamos agora preparar os detalhes de nossa Confirmação. Na oficina anterior vimos e aprofundamos os símbolos e elementos que são próprios do Sacramento da Confirmação. Já temos algumas coisas preparadas.

Como a Confirmação se realiza, normalmente, dentro da Celebração da Eucaristia, nesta oficina vamos ver todas as partes da nossa celebração, para que tenhamos claro em que momento da Eucaristia se realiza o rito da Crisma/ Confirmação, com todos os seus símbolos.

É importante que conheçamos bem o sentido de cada momento da celebração, para que saibamos o que e por que estamos fazendo.

Antes de apresentar o esquema da celebração com cada uma de suas partes, veremos o que precisamos preparar para em seguida encaixá-las em seu lugar: cantos, leituras, oferendas.

2 Cantos

Com a ajuda do catequista, escolher os cantos mais apropriados para cada momento.

É aconselhável que os cantos falem do dom de Deus, da força do Espírito, da vida nova de Jesus ressuscitado, da missão à qual nos envia, mas que seja uma linguagem e uma música próxima e atrativa.

Depois de ter escolhido, ensaiá-los o necessário para que todos cantem bem entoados.

Podem preparar uma folha com os cantos da celebração, para que todos que participem possam cantar com vocês.

3 Leituras

O catequista apresentará as leituras que serão proclamadas nesse dia. Deverão ler em grupo, comentá-las e refletir o que Jesus está dizendo para cada um de vocês através delas.

As suas reflexões poderão servir para elaborar os comentários para cada leitura. Um comentário sobre a Palavra de Deus serve para motivar a todos os participantes, para que escutem com atenção e interesse a Palavra de Deus que será proclamada.

Terão que preparar um comentário para cada leitura (1ª leitura, 2ª leitura e Evangelho) e escolher qual de vocês será o comentarista. Também escolherão quem lerá a 1ª e 2ª leituras. O salmo responsorial, se não for cantado, também precisará de alguém para ler. É importante que cada um se prepare bem para ler, pronunciar as palavras corretamente.

4 Oferendas

Depois das preces, inicia-se a Liturgia Eucarística com a procissão das oferendas. Aqui propomos que ofereçam a Deus três coisas, podendo ser mais, se o grupo quiser acrescentar outras, de acordo com a orientação do catequista.

1) Oferenda de nossas vidas
Um catequizando levará as cartas que escreveram na oficina anterior.
Durante a procissão das oferendas, o catequista fará um comentário explicando o que essas cartas simbolizam.

2) Oferenda dos pobres
Um de vocês entrará com alguém do bairro que esteja necessitado, simbolizando a oferenda dos mais pobres. Será uma maneira de expressar o compromisso do grupo de querer tornar possível o Reino de Deus.
Como grupo de confirmação, vocês deverão pensar e escolher no que consiste essa oferta. Seguem algumas ideias:

- Apoiar economicamente algum projeto da Cáritas paroquial, ou outro projeto solidário de outra instituição. (Poderão partilhar algum dinheiro do qual se privaram para partilhar.) Nessa oferta levarão esse dinheiro num envelope e dentro de uma cesta.
- Comprometerem-se com alguma ação solidária da paróquia ou de alguma instituição, onde dedicarão parte do seu tempo para ajudar aos outros. Poderão ofertar algum objeto que simbolize esse compromisso.
- Que cada um pense num compromisso pessoal, uma ação solidária que poderá realizar na escola, ou grupo de amigos, conhecidos, familiares etc. Cada um escreve seu compromisso no papel, depois juntam-se todos para levar na oferenda.

Durante o ofertório, o catequista fará o comentário explicando o que representa, qual o sentido e o compromisso.

3) Oferenda do pão e do vinho

Escolham dois do grupo para levar o pão e o vinho. O catequista fará um comentário para explicar o que significam.

5 Vários

Poderão fazer um grande cartaz e colar dentro da igreja, num lugar bem visível, com algum lema que querem assumir no dia da Confirmação. Um lema que possa consistir numa frase do Evangelho que assumirão como grupo de confirmados e de vida cristã.

Também poderão pensar se depois da celebração farão uma confraternização ou festa para os que participaram da celebração.

6 Esquema da celebração da Confirmação

I. Ritos iniciais

1) Comentário do catequista para iniciar a celebração

Estamos aqui reunidos por um motivo que nos enche de alegria. Um grupo de jovens de nossa comunidade receberá hoje o Sacramento da Confirmação pelas mãos de nosso bispo.

É um motivo de alegria porque darão um passo importante em suas vidas de cristãos, pela força do Espírito que será dado e confirmado o dom de Deus que receberam no Batismo.

É um motivo de alegria porque nesse passo eles se comprometeram de verdade, e querem que o que hoje celebramos marque profundamente suas vidas. É um motivo de alegria porque mais uma vez podemos experimentar que entre nós, apesar de nossa debilidade, cresce a fé e a esperança, que vêm de Jesus Cristo.

Com esta alegria iniciamos nossa celebração de pé e cantando para receber nosso celebrante.

• **Canto de entrada**

2) Saudação do bispo que presidirá a celebração

3) Acolhida e apresentação do pároco
Querido Senhor Bispo Dom...
Bem-vindo entre nós e nessa comunidade. Está aqui para celebrar a Confirmação *de um grupo de jovens de nossa comunidade, o que é motivo de grande alegria. É um sinal de que nossa Igreja avança e fortalece seu caminho de fé, de esperança, de amor.*

Queremos e desejamos profundamente que a celebração de hoje seja um passo a mais nesta caminhada. Que seja especialmente para esses jovens uma resposta ao compromisso cristão do Espírito que receberam no Batismo. Que o seja também para todos nós que desejamos ser mais fiéis ao Evangelho de Jesus.

4) Ato penitencial
O bispo:
Iniciemos nossa celebração com um momento de silêncio. Diante de Deus, reconheçamos nossas fraquezas, reconheçamos que precisamos sempre de sua força e de seu perdão.
– Senhor Jesus, Tu que fizeste de teus discípulos a luz do mundo e o sal da terra. SENHOR, TENDE PIEDADE.
– Senhor Jesus, Tu que, ressuscitado dentre os mortos, é vida para todos os que te seguem. CRISTO, TENDE PIEDADE.
– Senhor Jesus, Tu que nos envia teu Espírito para sermos filhos de Deus e testemunhas de teu amor. SENHOR, TENDE PIEDADE.

5) Glória
O bispo:
Proclamamos agora o hino de louvor ao nosso Deus, vida e paz para a humanidade inteira. E cantemos a Jesus Cristo, o Filho de Deus, o único Senhor, o único caminho, a única verdade.

• **Pode ser escolhido um canto de Glória.**

II. Liturgia da Palavra

6) Comentários e proclamação das leituras
Leitor 1: comentário da 1ª leitura
Leitor 2: proclamação da 1ª leitura
Leitor 2: salmo responsorial (pode ser lido ou cantado)
Leitor 1: comentário da 2ª leitura
Leitor 3: proclamação da 2ª leitura
Leitor 1: comentário do Evangelho
Aclamação ao Evangelho
Proclamação do Evangelho

III. Liturgia da Confirmação

7) Convite e apresentação dos confirmandos: comentário do catequista
Agora serão chamados pelo nome os que vão receber o dom do Espírito Santo pelo Sacramento da Confirmação. Demos graças a Deus, que nos escolheu e nos ajuda a testemunhar Cristo através da Igreja no mundo.

O pároco ou um catequista irá chamando pelo nome a todos os jovens que irão se confirmar. Quando ouvirem seu nome fiquem de pé e respondam: **"AQUI ESTOU"**.

8) Apresentação dos que serão confirmados
Pároco:
Senhor Bispo
Apresentamos hoje este grupo de jovens para que receba de suas mãos a Crisma/Confirmação, o sacramento do dom do Espírito.

Eles participaram dos encontros de catequese. Aprofundaram-se no conhecimento de Jesus Cristo e no caminho do Evangelho. Aprenderam a conhecer mais de perto o que significa viver como comunidade de fé, como igreja. Eles decidiram aceitar o compromisso da vida cristã.

Por isso os apresentamos, para que os confirme com o dom do Espírito, aquele dom que já receberam no Batismo e que hoje confirmarão em plenitude, incorporando-se de modo mais pleno na comunidade cristã.

Pedimos, Senhor Bispo... (nome), que imponha suas mãos e faça a unção na testa com o sinal da cruz, para que recebam o Espírito da verdade e do amor, o Espírito da fortaleza e da santidade, para que lhes ajudem a serem testemunhas de Cristo no mundo e membros ativos de nossa comunidade cristã.

9) Palavras de um dos crismandos/confirmandos
Aqui um dos catequizandos deve ler em nome de todos o que o grupo preparou na oficina anterior, se convier à realidade.

10) Homilia do bispo

11) Renovação das promessas batismais: comentário do catequista
Queridos jovens, pelo Batismo foram seus pais/padrinhos que deram testemunho de fé e se comprometeram na sua formação cristã nessa mesma fé. Agora, são vocês os que, com responsabilidade, preparação e maturidade, irão manifestar sua fé perante a comunidade cristã presidida por seu bispo. Todos nos sentimos unidos ao seu compromisso e desejamos apoiá-los para que levem a sério.

A renovação das promessas batismais poderá ser igual ou similar à que viram na oficina anterior.

12) IMPOSIÇÃO DAS MÃOS: comentário do catequista
Depois da profissão de fé e a renovação do Batismo, o bispo e o padre invocarão sobre os jovens o dom do Espírito Santo. A imposição das mãos, gesto que manifesta a transmissão do Espírito da Igreja a partir do Livro dos Atos, é um momento para que oremos juntos pedindo a Deus este dom para os que hoje se confirmam, e para toda a Igreja.

13) CRISMA: comentário do catequista

Chegamos no momento culminante da celebração. O bispo imporá suas mãos sobre os que serão confirmados, ungindo-os com o óleo santo e o sinal da cruz.

Do mesmo modo que um perfume impregna o corpo com sua força e seu perfume, a Crisma com este azeite perfumado torna visível a ação de Deus nesses jovens e lhes infunde seu Espírito: sua graça os impregnará profundamente e os fará semelhantes a Cristo, que significa o Ungido, o Messias.

O bispo dirá a cada um deles: "Receba por este sinal o dom do Espírito Santo". E como os grandes personagens do povo de Deus, os reis, os sacerdotes, os profetas, esses jovens serão ungidos com a força de Deus para serem testemunhas de Jesus Cristo e participar de sua missão no mundo.

• Escolher **vários cantos** apropriados sobre o Espírito Santo para acompanhar este momento.

14) Preces

Aqui farão as preces que prepararam na oficina anterior. Escolham três dos catequizandos para ler as preces.

IV. Liturgia Eucarística

15) Procissão das oferendas: comentário do catequista

Iniciamos agora a última parte de nossa celebração. Jesus Cristo nos convoca a sentar-nos em torno de sua mesa e a alimentar-nos com o pão da vida e o vinho da salvação, o pão e o vinho que é Ele mesmo que se dá a nós. Nós, agradecidos, escutamos seu chamado e viemos aqui partilhar esta refeição de irmãos.

Agora preparamos a mesa. Poremos nela o pão e o vinho e nos uniremos a esse pão e a esse vinho, com tudo o que somos, para também sermos transformados pela força de Deus.

Por isso, com o pão e o vinho, levamos também ao altar uma oferenda que nos representa... ofertarão o que prepararam na oficina anterior, e o catequista fará os comentários explicando o que significa.

- **Canto para as ofertas**
- **Canto para o Santo**

16) ORAÇÃO EUCARÍSTICA: comentário do catequista
Vamos iniciar agora a parte central da celebração eucarística. O celebrante, em nome de todos, dá graças a Deus-Pai, recorda a paixão de Jesus até a morte e invoca o Espírito para que este pão e vinho sejam para nós a presença de Jesus Cristo, alimento, fortaleza, vida para cada um de nós. Unamo-nos profundamente nesta oração dando graças a Deus.

Pai-nosso (cantado ou não)
Cantos para o momento da Comunhão

<u>V. Ritos Finais</u>

17) Palavra aos recém-confirmados
Palavras de estímulo e ânimo aos que foram confirmados podem ser proferidas pelo catequista ou um dos familiares. Deverão sublinhar o passo importante e valioso que deram, e que deve ser um ponto de referência para seguir em frente em seu ser cristão. Palavras de boas-vindas à comunidade cristã onde deverão estar unidos, enquanto grupo, para continuarem crescendo no seu ser humano e cristão.

18) Bênção e despedida do bispo
Canto final

7 Orientações finais

Esse esquema de celebração é uma proposta que pode ser melhorada, mudada ou enriquecida com orientação e propostas do catequista, do padre, de vocês catequizandos. A ideia é que sirva de base para que juntos preparem muito bem a celebração.

Tendo clareza do que cada um fará, das tarefas divididas no grupo, em cada momento celebrativo, é importante fazer um ensaio geral na igreja...

São muitos os detalhes que terão que estar claros, por isso não deverão fazer nada de improviso. **Tudo deverá estar previsto, preparado e ensaiado previamente, para que assim possam participar da celebração em paz e serenidade. O importante nesse dia é o que Deus dará a vocês, e deverão estar concentrados somente nisso. Saborear esse momento único, e não perder detalhes, porque somente acontecerá uma vez na vida.**

Serão muitos os detalhes que surgirão enquanto estão preparando e ensaiando, por isso deverão ser responsáveis com as tarefas e trabalhos propostos pelo catequista para que tudo saia bem nesse dia. Esta preparação prévia deve ser feita e funcionar como uma grande equipe.

Durante muito tempo estiveram preparando o coração para acolher o Espírito Santo. Agora chegou o momento de preparar a celebração que fará visível na comunidade cristã a vinda do Espírito sobre vocês. Parabéns por terem chegado até aqui. Através da Confirmação *iniciarão um novo caminho, o caminho do seguimento de Jesus com a força de seu Espírito, fazendo parte da comunidade cristã, com a missão de tornar palpável e presente, com suas vidas, o Reino de Deus. Oxalá sua* Confirmação *os ajude a assumir com decisão e confiança a obra do Reino dos Céus.*

Um homem decidiu ir em busca do Reino dos Céus. Deixou sua terra, sua família, seus amigos e seguiu a caminho. Depois de muito tempo procurando, chegou até ele. Uma grande muralha o rodeava, mas a porta de entrada era tão pequena, que somente uma criança poderia entrar. Contrariado com esta situação, agachou-se e chamou na porta. A porta se abiu e escutou uma voz que lhe dizia:

– Você realmente quer entrar?

E o homem respondeu:

– Claro que quero entrar, mas sou muito grande para passar numa porta tão pequena.

E a voz respondeu:

– Você terá que abandonar tudo aquilo que lhe faz sentir grande.

O homem começou a pensar, e, depois de um tempo, deixou muitos quilos de orgulho junto daquela porta de entrada. Mas continuava sendo muito grande para entrar. Por isso se desprendeu de muitos quilos de autossuficiência, de poder e de segurança. Assim conseguiu ser um pouco menor, mas não o suficiente. Continuou se despojando de quilos de maldade, discórdia, desconfiança... até que conseguiu se tornar pequeno como uma criança.

Agora a porta se parecia grande e ele se sentia muito pequeno. Então disse a quem estava na porta:

– Sinto-me muito frágil e fraco. Estou indefeso.

– Não tenha medo – respondeu a porta, pois de agora em diante em Deus terá toda a segurança, todo o poder e toda confiança. Ele dará grandeza à sua pequenez. Somente tem que confiar e abandonar-se nele, como faria uma criança com seus pais.

O homem entrou no Reino dos Céus. Mas quando começou a caminhar pelas ruas e ver as pessoas que lá estavam, descobriu com surpresa que havia voltado novamente à terra que havia deixado, a terra em que vivia a sua família e seus amigos.

Tudo estava do mesmo jeito que antes, tal e qual como deixou. Todos, menos ele, que havia perdido muitos quilos de coisas negativas que havia em seu interior. Sem dúvida, agora via as mesmas coisas que antes, mas de uma maneira diferente, nova, renovada, com a simplicidade e o espanto de uma criança ao descobrir as maravilhas da vida. Havia nascido de novo.

207

Ideias para refletir

Abandone-se confiantemente nas mãos daquele que criou você e o ama gratuitamente. Com a Confirmação é como se voltasse a nascer para um mundo novo, onde será grande se tiver um coração grande. Um coração cresce à medida que ama e faz felizes as pessoas que vivem ao seu redor. Assim é o Reino de Deus.

Por isso, se você quer entrar nele, deverá estar sempre atento para eliminar de seu coração tudo aquilo que o diminua e o inutilize: egoísmo, ódio, discórdia, orgulho, soberbas, arrogâncias. E depois de se libertar de tudo isso com a ajuda de Deus, poderá fazer parte do grupo de muitos homens e mulheres de boa vontade, que lutam para transformar a realidade ao seu redor e querem tornar presente, com suas vidas, o Reino dos Céus onde elas estão.

Desta maneira você será reconhecido como um autêntico discípulo de Jesus, autêntico apóstolo de seu Evangelho.

> *"Eu vos dou um novo mandamento: que vos ameis uns aos outros. Assim como eu vos amei, amai-vos também uns aos outros. Todos saberão que sois meus discípulos, se vos amardes uns aos outros"*
> (Jo 13,34-35).

PREPARADOS...

PRONTOS...

JÁ!

ANEXOS

ANEXO 1

ORAÇÃO PARA INVOCAR
O ESPÍRITO SANTO

Vem, Espírito Santo,
e envia do céu um raio de tua luz.
Vem, Pai dos pobres, vem dar-nos teus dons,
vem dar-nos tua luz.
Há tantas sombras de morte, tanta injustiça,
tanta pobreza, tanto sofrimento.

Consolador cheio de bondade,
doce hóspede da alma,
suave alívio dos homens e mulheres
que em ti depositam seu peso.
Tu és o descanso nas fadigas da vida,
fortaleza nas dificuldades,
alegria em nossas desesperanças.

Penetra com tua luz
no mais íntimo dos nossos corações.
Habita-nos porque sem ti nada podemos.
Ilumina nossas sombras de egoísmo.

Rega nossa aridez, cura nossas feridas.
Suaviza nossa dureza.
Elimina com teu calor nossa frieza.
Acende nossa fraterna solidariedade.

Abre nossos olhos e os ouvidos do coração
neste momento de oração, para saber discernir
teus caminhos em nossas vidas
e ser construtores de Vida Nova.

Concede-nos teus sete dons
e dai-nos a graça de chegar a ser
aquilo para o qual nascemos,
aquilo para o qual nos chamou.

Amém.

ANEXO 2

BÚSSOLA DAS VIRTUDES

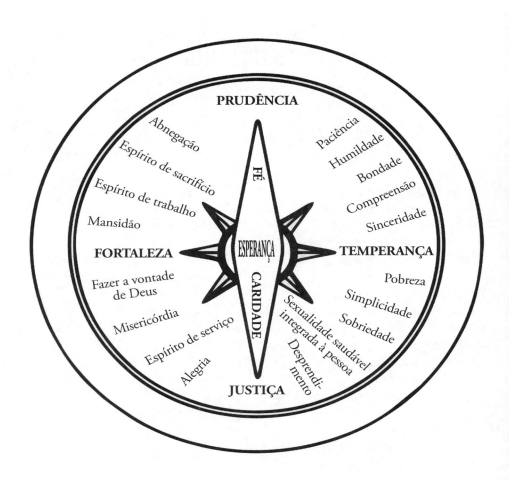

CULTURAL

Administração
Antropologia
Biografias
Comunicação
Dinâmicas e Jogos
Ecologia e Meio Ambiente
Educação e Pedagogia
Filosofia
História
Letras e Literatura
Obras de referência
Política
Psicologia
Saúde e Nutrição
Serviço Social e Trabalho
Sociologia

CATEQUÉTICO PASTORAL

Catequese
Geral
Crisma
Primeira Eucaristia

Pastoral
Geral
Sacramental
Familiar
Social
Ensino Religioso Escolar

TEOLÓGICO ESPIRITUAL

Biografias
Devocionários
Espiritualidade e Mística
Espiritualidade Mariana
Franciscanismo
Autoconhecimento
Liturgia
Obras de referência
Sagrada Escritura e Livros Apócrifos

Teologia
Bíblica
Histórica
Prática
Sistemática

REVISTAS

Concilium
Estudos Bíblicos
Grande Sinal
REB (Revista Eclesiástica Brasileira)
SEDOC (Serviço de Documentação)

VOZES NOBILIS

Uma linha editorial especial, com importantes autores, alto valor agregado e qualidade superior.

VOZES DE BOLSO

Obras clássicas de Ciências Humanas em formato de bolso.

PRODUTOS SAZONAIS

Folhinha do Sagrado Coração de Jesus
Calendário de Mesa do Sagrado Coração de Jesus
Agenda do Sagrado Coração de Jesus
Almanaque Santo Antônio
Agendinha
Diário Vozes
Meditações para o dia a dia
Encontro diário com Deus
Dia a dia com Deus
Guia Litúrgico

CADASTRE-SE
www.vozes.com.br

EDITORA VOZES LTDA.
Rua Frei Luís, 100 – Centro – Cep 25689-900 – Petrópolis, RJ
Tel.: (24) 2233-9000 – Fax: (24) 2231-4676 – E-mail: vendas@vozes.com.br

UNIDADES NO BRASIL: Belo Horizonte, MG – Brasília, DF – Campinas, SP – Cuiabá, MT
Curitiba, PR – Florianópolis, SC – Fortaleza, CE – Goiânia, GO – Juiz de Fora, MG
Manaus, AM – Petrópolis, RJ – Porto Alegre, RS – Recife, PE – Rio de Janeiro, RJ
Salvador, BA – São Paulo, SP